Jochen Müssig

Oberfranken

MIT BAMBERG UND FRÄNKISCHER SCHWEIZ

50 MIKROABENTEUER

ZUM ENTDECKEN UND GENIESSEN

360° medien

IMPRESSUM

Oberfranken – mit Bamberg und Fränkischer Schweiz
50 MIKROABENTEUER ZUM ENTDECKEN UND GENIESSEN
Jochen Müssig

Nachtigallenweg 1 I 40822 Mettmann
360grad-medien.de

Redaktion und Lektorat: Christine Walter

Satz und Layout: Elke Gräfe

Gedruckt und gebunden:
LD Medienhaus GmbH & Co. KG I Van-Delden-Str. 6-8 I 48683 Ahaus
www.ld-medienhaus.de

Bildnachweis: siehe Seite 288

ISBN: 978-3-96855-322-1
Hergestellt in Deutschland

360grad-medien.de

Vorwort

„Wos is'n dou los?" Oberfranken seien etwas verschlossen, heißt es häufig. Aber neugierig sind sie schon! Den Leuten ist tatsächlich zuweilen gar nicht so einfach beizukommen. Und je abgelegener, um so schwieriger wird es. Aber bei einem Seidla Bier wird der Fremde dann doch zum Kumpel. Nach der Eingangsfrage „Ja, wo kommt er denn her?" will der Oberfranke jedoch erst ein wenig erobert sein, ehe seine Schutzhülle fällt. Schickimickis haben dabei wenig Chancen, ein bisschen verratzt und nicht so perfekt sein ist schon besser. Das erste „Is' mir doch wurschd" kann nämlich heißen: „Eigentlich traue ich mich nur nicht zu sagen, was ich möchte". Andererseits: „Die Franken sind ja eigentlich total brutal", meint der fränkische Kabarettist Volker Heißmann. Mit dem kleinen Zusatz: „Sie sind brutal ehrlich ...".

Das beste Wirtshaus steht (fast) immer bei der Kirche. Dort werden Bratwürste aufgetischt und Braten mit „Soß' und Kloß, denn damit wern die Kinner groß". In Coburg heißen die Kartoffelklöße Rutscher, weil sie gar so weich, glitschig und supergut sind. Oberfranken hat noch zahlreiche Inhaber geführte Bäckereien und Konditoreien, Metzgereien sowie Klein- und Kleinst-Brauereien. Es wird ein wenig ausgiebiger gefeiert, weil die Oberfranken ein heiteres (Genuss-)Völkchen sind. Nur beim Bier verstehen sie keinen Spaß: Da muss es das Beste sein. Es muss heimisches Bier sein. Denn das Bier ist der kleinste gemeinsame Nenner in Oberfranken.

Die Recherche zu diesem Buch war eine wunderschöne Reise in meine Heimat und in meine Vergangenheit. Ich bin zwar in Würzburg (Unterfranken) geboren und habe in Nürnberg (Mittelfranken) das Abitur gemacht, aber die vielen Ausflüge ins Oberfränkische, in die Fränkische Schweiz, den Franken- und Steigerwald sowie ins Fichtelgebirge sind bis heute unvergessen. Ebenso die mächtigen Festungen von Coburg, Kronach und Kulmbach, das schwebende Haus in Bamberg sowie der erste Wagner auf den harten Holzklappstühlen im Bayreuther Festspielhaus ...

Jochen Müssig

Blick auf Kloster St. Michael in Bamberg

Inhaltsverzeichnis

Stadthaus Coburg

Hinweis: Aus Gründen der besseren Lesbarkeit wird auf eine geschlechtsneutrale Differenzierung verzichtet. Entsprechende Begriffe gelten im Sinne der Gleichbehandlung grundsätzlich für alle Geschlechter. Die verkürzte Sprachform beinhaltet keine Wertung.

Willkommen in Oberfranken

Oberfranken gilt unter den drei fränkischen Regierungsbezirken in Bayern als der ländlichste, denn es gibt keine großen Städte wie Nürnberg in Mittel- oder Würzburg in Unterfranken, dafür viel Natur im Franken- und Steigerwald, im Fichtelgebirge und in der Fränkischen Schweiz sowie die höchste Brauereidichte weltweit. Willkommen im Bierland Oberfranken!

Was Oberfranken ausmacht

Etwas eigensinnig, vielleicht ein wenig stur, mitunter zu bescheiden, etwas wortkarg, scheu und ein bisschen provinziell: Das alles wird den (Ober-)Franken nachgesagt. Mag sein. Aber sie sind auch zuverlässig und ehrlich, gastfreundlich, haben das Herz auf dem rechten Fleck, sind weltoffen und heimatverbunden zugleich. Ein Franke macht nicht viel Aufhebens um die Dinge. „Und typisch Franken ist schon auch unsere Vielfalt", sagt der fränkische Ministerpräsident von Bayern, Markus Söder.

Ländliches Ambiente in Oberfranken

Das Ländliche ist prägend, Bamberg kommt als größte Stadt gerade einmal auf 77.000 Einwohner und ganz Oberfranken hat zusammen weniger Einwohner als die bayerische Landeshauptstadt München. Natürlich gibt es Pizzerien oder thailändische Restaurants, aber das gutbürgerliche Wirtshaus in der Ortsmitte tischt in der Regel fränkische Küche auf: in feiner Qualität, mit reichlichen Portionen und einem sehr guten Preis-Leistungs-Verhältnis. Überkandideltes hat kaum Chancen.

Am deutlichsten hebt sich Oberfranken durch seine große Anzahl an Brauereien ab. Der Regierungsbezirk hat mit rund 200 Brauereien die höchste Brauereidichte weltweit und mehr Brauereien als jedes Land in Europa. Nur die Riesenländer USA, China und Russland haben mehr Brauereien.

Historie: Wie die Franken Bayern wurden

Stück für Stück wurde Oberfranken, wie ganz Franken, in das damalige Königreich Bayern eingegliedert. Bamberg wurde sofort bayerisch, Coburg dagegen erst 1920. Bayern stellte sich 1805 auf die Seite Napoleons, der Preußen mit seinen Truppen verheerende Niederlagen beibrachte, was zum Zusammenbruch Preußens im Krieg gegen Napoleon führte und das Ende der fränkischen Herrschaftsgebiete besiegelte, da Franken an Preußens Seite stand.

König Ludwig I. gelang es, Bayern und Franken zwar etwas näher zusammen zu bringen, indem er auf die Erhaltung regionaler Traditionen und Eigenarten setzte. Trotzdem kämpften und kämpfen die Franken seitdem und immer noch für mehr Unabhängigkeit und ein stärkeres politisches Gewicht im heutigen Freistaat Bayern. Die Bestrebungen, ein neues Bundesland Franken zu gründen, haben allerdings schon länger an Fahrt verloren.

Politik: schwarz ist Trumpf

Oberfranken wählt schwarz. Bei der letzten Bundestagswahl kam die CSU im Durchschnitt auf gut 40, die SPD auf rund 20 und die Grünen auf zehn Prozent, mit Ausnahme von Bamberg, wo 15 Prozent erreicht wurden. Die FDP pegelt sich mit knapp sechs Prozent auf Bundesniveau ein. Die Linke spielt mit zwei Prozent praktisch keine Rolle, die AfD hingegen kommt auf beachtliche zehn Prozent. Bei Kommunalwahlen zeigt sich aber immer wieder, dass in kleineren Städten und Gemeinden vielfach die Freien Wähler den Ersten Bürgermeister stellen.

Wirtschaft: das Weiße Gold

„Ich bin ein Porzellaner", sagte Richard Rogler einmal. Der in Selb geborene Kabarettist wies damit auf die einst so wichtige oberfränkische Porzellanwirtschaft hin: „Rosenthal" und „Hutschenreuther" verhalfen der Region des Weißen Goldes zu Reichtum und weltweitem Ruhm, bieten aber jetzt kaum noch Arbeitsplätze. Nach der Teilung Europas in Ost und West versuchte der Staat die wirtschaftsgeografische Randlage Oberfrankens mit Beihilfen für Grenzlandwirtschaft, -Verkehr und -Kultur zu kompensieren. Doch nach 1990 wurde die Grenzlandförderung eingestellt, gleichzeitig kam die Konkurrenz aus Tschechien nebst billiger Arbeitskräfte und viele Firmen wanderten dorthin ab, wo es andere Fördergelder gab.

Porzellangässchen in Selb

Für viele dürfte überraschend sein, dass Oberfranken heutzutage trotzdem zu den Regionen mit der höchsten Industriedichte Europas gehören. Dem Mittelstand sei Dank: Die Kunststoffindustrie, der Maschinenbau, immer noch und schon wieder Keramik- und Glas- sowie Metallerzeugnisse und die Textilindustrie sind die wichtigsten Arbeitgeber. Der Tourismus spielt eine eher untergeordnete Rolle: Auf die 1,1 Millionen Einwohner in Oberfranken kommen etwa gleich viel Gäste (1,2 Millionen), die im Durchschnitt für 3,5 Millionen Übernachtungen sorgen. Lediglich 6,5 Prozent aller Gäste kommt aus dem Ausland. Universitäten haben nur Bamberg und Bayreuth.

Weltkultur: für zwei Rivalen

Auch aus Sicht der UNESCO sind Bamberg und Bayreuth spitze in Oberfranken. Mit der Bamberger Altstadt und dem Bayreuther Markgräflichen Opernhaus haben die beiden größten und rivalisierenden Städte Oberfrankens auch je eine Weltkulturerbestätte. Bayreuth musste allerdings bis 2012 warten. Bamberg wurde schon 1993 auserwählt.

Dialekt: die Endung „la“

Blöchla (ein Schmalzgebäck), Schwatzela (Marzipan-Makronen), Knöchla (Haxe), Gänsla (Gans) oder das beinahe auf jeder Speisekarte aufgeführte Schäufela (das Schulterblatt vom Schwein): Gerade an den Köstlichkeiten Oberfrankens kommt man an der im Alltagsdialekt häufig verwendeten Endung und Verkleinerungsform „la“ kaum vorbei. Typischer als das Madla (Mädchen) oder Gäula (Gaul, Pferd) sind (für ganz Franken) nur noch das harte und weiche B und D (hart für P und T) sowie das rollende „r“. Und der unbestimmte Artikel wird häufig auf einen Buchstaben verkürzt, wie bei a guts Essn und a Bier … Nur der Hofer Dialekt unterscheidet sich etwas, weil dort eine enge Verbindung zum Vogtländischen besteht.

Altes Schloss in Bayreuth

Info

Auskunft: *regierung.oberfranken.bayern.de*

Einwohner: 1,1 Millionen leben auf 7200 Quadratkilometern. 96 Prozent sind beinahe zu gleichen Teilen Katholiken und Protestanten.

Hauptstadt: Bayreuth

Lage: Oberfranken liegt im Nordosten Bayerns und grenzt an Tschechien, Sachsen, Thüringen, Unter- und Mittelfranken sowie an die Oberpfalz.

Kultur: Der Maler Lucas Cranach d. Ä., der Schriftsteller Jean Paul und der Komponist Richard Wagner, wenngleich in Leipzig geboren, aber dennoch hauptsächlich in Bayreuth wirkend, gehören zu den herausragenden Kulturschaffenden Oberfrankens.

Top 10

DER SEHENSWÜRDIGKEITEN IN OBERFRANKEN

1 **Bamberg, Brückenrathaus:** „Der Eulenspiegel war da. Der Faust war da. Der Dürer war da. Der Goethe war da. Aber geblieben ist keiner," sagt Gerhard Krischker, Mundartpoet aus Bamberg, über seine Geburtsstadt. Und das, obgleich es doch ein über dem Wasser schwebendes Haus gibt: Das Brückenrathaus von 1688, das ohne Fundament im Fluss felsenfest über die Regnitz erbaut wurde. Doch warum steht das Gebäude mitten in der Regnitz? Die Bürger wollten ein neues Rathaus bauen, bekamen aber kein Grundstück. Also wurde der wunderbare Fachwerkbau an das große, mehr als 200 Jahre ältere Rathaus angebaut. Heute ist es Bambergs schönster Profanbau. *bamberg.info*

2 **Bamberg, Kaiserdom:** Die vier mehr als 75 Meter hohen Türme strahlen Selbstbewusstsein und Macht aus, als habe sich seit dem Mittelalter nichts verändert. Doch es ist nicht nur die äußerliche Fassade, sondern vor allem auch das Innere, das den Dom so bedeutend macht. Da ist das Kaisergrab

des heiliggesprochenen Kaiserpaars Heinrich II. und Kunigunde und das einzige Papstgrab in Deutschland: Clemens II. ist darin bestattet. Der Marienaltar von Veit Stoß zählt zu den herausragenden Arbeiten im Dom und der Bamberger Reiter, eigentlich recht unscheinbar, ist das erste lebensgroße Reiterstandbild seit der Antike und kunsthistorisch von größtem Wert. *bamberger-dom.de*

3 **Bayreuth, Markgräfliches Opernhaus:** Seit 2012 ist das Markgräfliche Opernhaus Weltkulturerbe. Wohl gemerkt: nicht das bekanntere Wagnersche Festspielhaus auf dem Grünen Hügel! Bauherrin von einem der schönsten Barocktheater Europas, in dem Zuschauerraum und Bühne eine Einheit bilden, war Markgräfin Wilhelmine. Wand an Wand zum Opernhaus wurde die heute älteste benutzte Synagoge in Deutschland gebaut und das Opernhaus avancierte so zum Retter: Die Nazis verschonten die Synagoge in der Reichskristallnacht, weil sie eben glücklicherweise direkt ans Markgräfliche Opernhaus angebaut wurde. Bei einem Schleifen wäre automatisch Schaden am „deutschen" Opernhaus entstanden ... *bayreuth-tourismus.de*

4

Fränkische Schweiz, Tüchersfeld: Wenn in der Fränkischen Schweiz roter Klatschmohn blüht, sich die Buchenwälder im Wind wiegen, Bienen summen und irgendwo jemand Holz hakt, wirkt alles ein wenig wie früher, heimeliger, kuscheliger als anderswo. Zu dieser wunderbaren Atmosphäre kommen mehr als tausend Höhlen und bizarre Gesteinsformationen, wobei das Felsendorf Tüchersfeld am imposantesten ist: Eine malerische Gemeinde, die zu Pottenstein gehört, und von steil aufragenden Felsen dominiert wird, die wirken, als seien sie modelliert. Auf den Ruinen einer Burg wurde der Judenhof erbaut, der als „das" Fotomotiv der Fränkischen Schweiz gilt. *fraenkische-schweiz.com*

5

Coburg, Veste: Drei Ringmauern, drei große Türme, zwei Höfe und vier Basteien: Die Veste, die 160 Meter über dem Coburger Stadtzentrum thront, ist gut sechs Jahrhunderte alt und gehört mit 135 mal 260 Metern zu den größten Burgen Deutschlands. Ihr zweiter Name lautet vielsagend: Fränkische Krone. Lucas Cranach d. Ä. und Martin Luther waren jeweils sechs Monate zu Gast. Heute beherbergt die Veste bedeutende Kunstsammlungen, darunter 35 Werke von Cranach sowie Arbeiten von Albrecht Dürer und Matthias Grünewald. Außerdem sind einige der ältesten Kutschen der Welt zu sehen, historische Waffen und Folterinstrumente. *kunstsammlungen-coburg.de*

6 **Kulmbach, Plassenburg:** Als eines der imposantesten und größten Renaissancebauwerke Deutschlands war die Plassenburg lange Zeit ein Vorbild im Festungsbau. Aber die wehrhafte Burg mit ihren gewaltigen Bastionen war zugleich eine fürstliche Residenz, von Markgraf Georg Friedrich I. neu konzipiert als repräsentative Vierflügelanlage, die heute als eines der eindrucksvollsten historischen Bauwerke in Deutschland gilt. Besonders der Schöne Hof mit seinen reich geschmückten Arkadengängen ist ein Schmuckstück. In einem der vier Museen präsentiert das Deutsche Zinnfigurenmuseum die mit 300.000 Figuren größte Sammlung von Zinnfiguren weltweit. *plassenburg.de*

7 **Kronach, Festung Rosenberg:** Sie ist ein Bollwerk mit mächtigen Bastionen, Wallgräben und der großen Wallbrücke, unterirdischen Gängen, den vor Artilleriebeschuss geschützten Kasematten und dem Dicken Turm im Zentrum: die fünfeckige Festung Rosenberg, eine der schönsten und größten Festungsanlagen in Deutschland. Eine Burg, die nie gewaltsam eingenommen wurde! Die Schweden versuchten es im Dreißigjährigen Krieg mehrfach, hatten aber keinen Erfolg, was aber möglicherweise auch an den Kronacher Frauen lag. Einer der nordischen Angreifer soll gesagt haben: „Die Kronacher kämpfen wie die Teufel, aber ihre Weiber sind neunmal schlimmer!" *kronach.de*

8 **Mödlareuth, Little Berlin:** Die Mauer in Berlin kennt jeder, aber es gab auch eine in Oberfranken: 700 Meter lang, drei Meter hoch und bestens bewacht. Die menschenunwürdige Grenzziehung der DDR war für alle Deutschen schrecklich, doch für Mödlareuth noch brutaler, denn die Mauer verlief wie in Berlin durch die Stadt, mitten durch das Dorf und sie wurde wie das große Gegenstück in Berlin zum Symbol der deutschen Teilung. Sogar die heute zu sehenden Nachbildungen wirken beklemmend. Wie muss erst die echte Mauer auf die Menschen gewirkt haben? Einblicke geben Dokumentationen und die Exponate im Deutsch-Deutschen Museum im Ort. *moedlareuth.de*

9 **Frankenwald, Grünes Band:** Wie eine hellgrüne Schlange aus Mischwiesen und Laubwald zieht sich das Grüne Band durch das Land, rechts und links eingerahmt von dunklen Fichtenwäldern, bestens sichtbar von Bergkuppen. Der

Verlauf ist identisch mit dem Todesstreifen und seinen Stacheldrahtzäunen, die auf 1393 Kilometern durch Deutschland für Schrecken sorgten. Die Natur eroberte die Grenzlinie und es entstand ein Rückzugsgebiet für Tiere und Pflanzen, wo man die Stille hört und den Wald riecht. Glücklicherweise darf man in diesem natürlich entstandenen Biotop heute wandern, Fahrrad fahren und Hirsche, Störche oder Feuerfalter beobachten. *gruenesband.info*

10 **Bad Staffelstein, Basilika Vierzehnheiligen:** Unweit vom Zentrum von Bad Staffelstein trifft man die Basilika Vierzehnheiligen von Balthasar Neumann mit einer Fassade, die als eine der imposantesten des Barock-Zeitalters gilt. Der Überlieferung zufolge erschien einem Schäfer um 1445 das Jesuskind im Kreise anderer Kinder, die sich als die 14 Nothelfer vorstellten und an diesem Ort eine Kapelle einforderten. Daraufhin verschwanden sie in den Wolken. Kurze Zeit später gesundete an der Erscheinungsstätte eine schwerkranke Frau, worauf bald die ersten Wallfahrer kamen und tatsächlich eine erste Kapelle errichtet wurde. Der Bau von Balthasar Neumann wurde 1772 vollendet. *vierzehnheiligen.de*

Kurioses und Besonderheiten

AUS OBERFRANKEN

Buttenheim und die Jeans

Jeans sind etwas uramerikanisches, aber es war ein Oberfranke, der sie erfunden hat! Sein Name: Levi Strauss, 1829 geboren als Löb Strauß in Buttenheim. Aus wirtschaftlicher Not wanderte die Familie 1846 nach San Francisco aus, wo Levi 1866 seine Firma „Levi Strauss & Co." gründete und ab 1871 strapazierfähige blaue Arbeitshosen entwarf, die 1873 patentiert, aber erst um 1920 Jeans genannt wurden. *buttenheim.de*

Schwarzenbach und das Comic Museum

Gähn, zitter, stöhn, lach – Walt Disneys fiktive Entenwelt um Donald Duck wurde für die deutschen Ausgaben von Übersetzerin Erika Fuchs in ihre oberfränkische Heimat verlegt. Die Episoden spielen am Ochsenkopf oder in Kleinschloppen, Schnarchenreuth und Schnabelwaid. Im einzigen Museum in Deutschland, in dem es ausschließlich um Comics geht, werden auch Inflektive wie grübel, grübel und studier erklärt … *erika-fuchs.de*

Donald Duck im Museum

Bad Staffelstein und Adam Riese

Ja, er lebte wirklich: Adam Riese, der Rechenmeister. Er gab dem einfachen Volk Einblick in die Bedeutung und Anwendbarkeit der Mathematik in den Bereichen des täglichen Lebens: einkaufen, verkaufen, vergleichen, etwa von Gewichtsmaßen,

Fracht oder Löhnen. Denn Gott habe alles nach Maß, Gewicht und Zahl geordnet, so Adam Riese, der 1492 in Staffelstein geboren wurde. *bad-staffelstein.de*

Bayreuth und die Hundeschleifchen

Eine schlichte Granitplatte ohne Inschrift ziert Richard Wagners Grab: „Jeder weiß doch, wer da liegt", sagt eine Fremdenführerin. Wie wahr, wenn es wirklich stimmt, dass nur über Christus und Napoleon mehr geschrieben wurde als über Wagner. Zwei Meter daneben ist sein Hund Russ begraben. Zur Festspielzeit liegen dort Knochen mit Schleifchen ... *bayreuth-tourismus.de*

Bischofsgrün und die Schneemänner

Jakob war 12,65 Meter hoch und hatte einen stattlichen Umfang von 29,80 Metern. Es war der bislang größte in Bischofsgrün gebaute Schneemann. Eingerahmt von den beiden höchsten Bergen Nordbayerns, dem Schneeberg mit 1053 und dem Ochsenkopf mit 1024 Metern, wundert es nicht, dass in Bischofsgrün das Schneemannfest gefeiert wird: jedes Jahr traditionell am Rosenmontag. *bischofsgruen.de*

Attraktion beim Schneemannfest

Waischenfeld und das Brühtrogrennen

Sie sind eckig und das Paddeln mit ihnen ist nicht einfach: So ein Brühtrog stammt ursprünglich aus der Schlachtung. Aber wenn der Wiesentrenner gegen den Schmierbachflitzer antritt, dann findet das Brühtrogrennen auf der Wiesent statt, in Nankendorf, einem Ortsteil von Waischenfeld. Ein kurioses und wunderbares Spektakel zugleich, mit Volksfest und Sau am Spieß zum Finale. *nankendorf.de*

Marktschorgast und die Schiefe Ebene

Mitte des 19. Jahrhunderts war ein Höhenunterschied von 348 auf 505 Meter für die Bahn noch unüberwindbar. Nicht jedoch für die Marktschorgaster, die mit einer Lokomotive am Ende des Zugs und einer Vorspannlok Eisenbahngeschichte geschrieben haben: Es war die erste Steilbahn in Europa! Die Zahnradbahn war ja noch nicht erfunden. Auf der Schiefen Ebene verkehren noch bis heute Züge. *marktschorgast.de*

Historische Bahn auf der Schiefen Ebene

Bad Alexandersbad und das Arche-Dorf

Es ist nicht die Arche Noah, aber der Versuch, seltene Nutztierrassen der Region zu erhalten. In Kleinwendern, ein Ortsteil von Bad Alexandersbad, züchtet man im ersten Arche-Dorf in Bayern Rotes Höhenvieh, Hermelinkaninchen, Sundheimer Hühner, Coburger Fuchsschafe und Bayerische Landgänse, damit auch in Zukunft heimische Eier, Bio-Rind- und Lammfleisch oder Martinsgänse zum Verzehr angeboten werden können.
archedorf-kleinwendern.de

Sundheimer Hühner

Ebrach und der Waggon

Das „Blumenpflücken ist während der Fahrt verboten" steht mahnend auf einem Schild und „Vorsichtig rangieren" auf einem anderen. Beide Hinweise sind nutzlos, den der alte Mitropa-Speisewaggon mit 60 Sitzplätzen steht zwar noch auf einem Gleis am Alten Bahnhof von Ebrach, wird aber schon lange nicht mehr bewegt, ist aber dafür immer noch bewirtschaftet, fränkisch natürlich und bezahlbar ...
gaststaette-zum-alten-bahnhof.de

Das Fichtelgebirge und die sechs Ämter

Sechsämtertropfen – wer kennt ihn nicht, den Likör aus Heilpflanzen, Beeren und Wurzeln. Ein Pharmazeut und Destillateur erfand das Getränk im Fichtelgebirge und es wurde tatsächlich nach den dortigen, im 15. Jahrhundert entstandenen sechs Verwaltungsbezirken, dem Sechsämterland, benannt. Der Kräuterlikör wurde 1895 erstmals verkauft. Den würzig-feinherben Geschmack prägt vor allem die Vogelbeere.
schwarze-schlichte.de

SCHWEDEN
DÄNEMARK
Ostsee
Nordsee
Kiel
SCHLESWIG-
HOLSTEIN
MECKLENBURG-
VORPOMMERN
HAMBURG
Schwerin
BREMEN
BRANDENBURG
POLEN
NIEDERSACHSEN
BERLIN
Hannover
Potsdam
Magdeburg
NORDRHEIN-
WESTFALEN
SACHSEN-
ANHALT
Düsseldorf
SACHSEN
Dresden
Erfurt
HESSEN
THÜRINGEN
RHEINLAND-
PFALZ
Wiesbaden
OBERFRANKEN
UNTERFRANKEN
Mainz
TSCHECHIEN
MITTELFRANKEN
SAARLAND
Stuttgart
BAYERN
FRANKREICH
BADEN-
WÜRTTEMBERG
München
ÖSTERREICH
SCHWEIZ

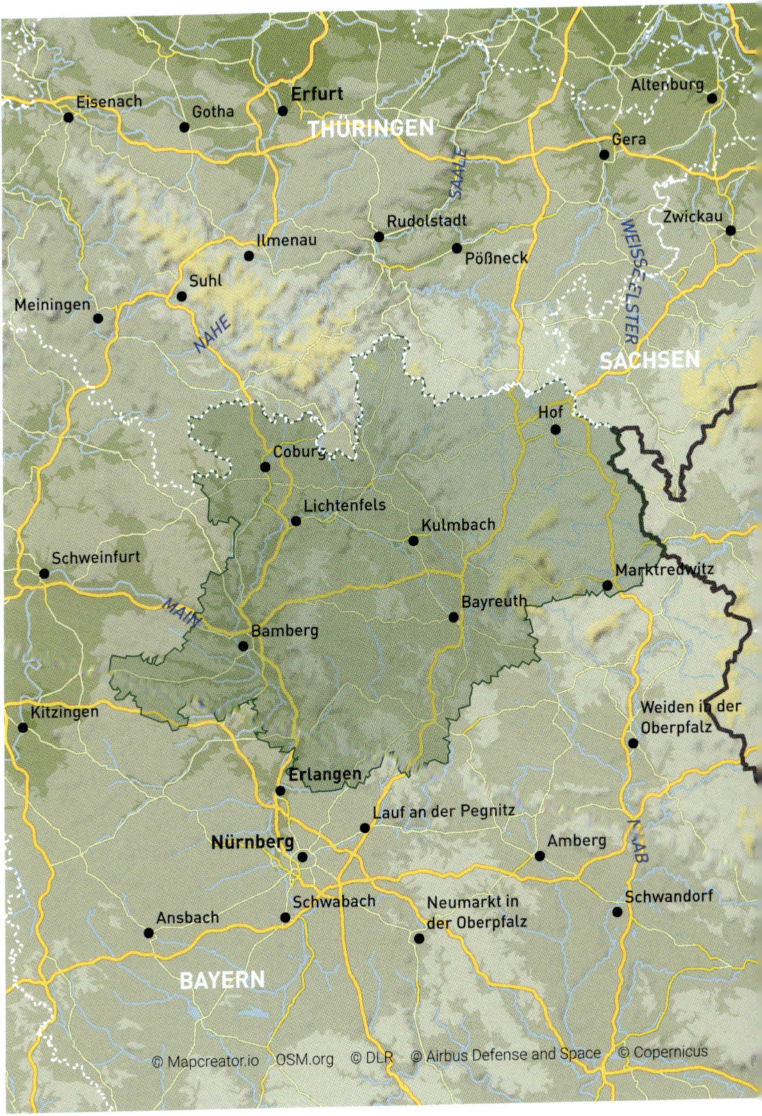
Erfurt
Eisenach
Gotha
THÜRINGEN
Altenburg
Gera
SAALE
Zwickau
Rudolstadt
Pößneck
Ilmenau
Suhl
Meiningen
NAHE
WEISSE ELSTER
SACHSEN
Hof
Coburg
Lichtenfels
Kulmbach
Schweinfurt
Marktredwitz
Bayreuth
MAIN
Bamberg
Weiden in der Oberpfalz
Kitzingen
Erlangen
Lauf an der Pegnitz
Nürnberg
Amberg
NAAB
Schwabach
Neumarkt in der Oberpfalz
Schwandorf
Ansbach
BAYERN
© Mapcreator.io OSM.org © DLR © Airbus Defense and Space © Copernicus

Bayreuth

Vergoldete Quadriga mit Apollo auf dem Dach des Neues Schlosses

Bayreuth

1. Bayreuth: Wenn die Stadt bebt …
2. Bayreuth und Wagner: Diätfehler und Knochenschleifchen
3. Museen in Bayreuth: „Oh du geliebtes Bayreuth …“
4. Bad Berneck: Humboldts riskanter Versuch
5. Bischofsgrün: prima Klima
6. Pegnitz: Bratwurst, Brot und Bier
7. Pottenstein: geheimnisvolle Unterwelt
8. Waischenfeld: beim Brühtrogrennen

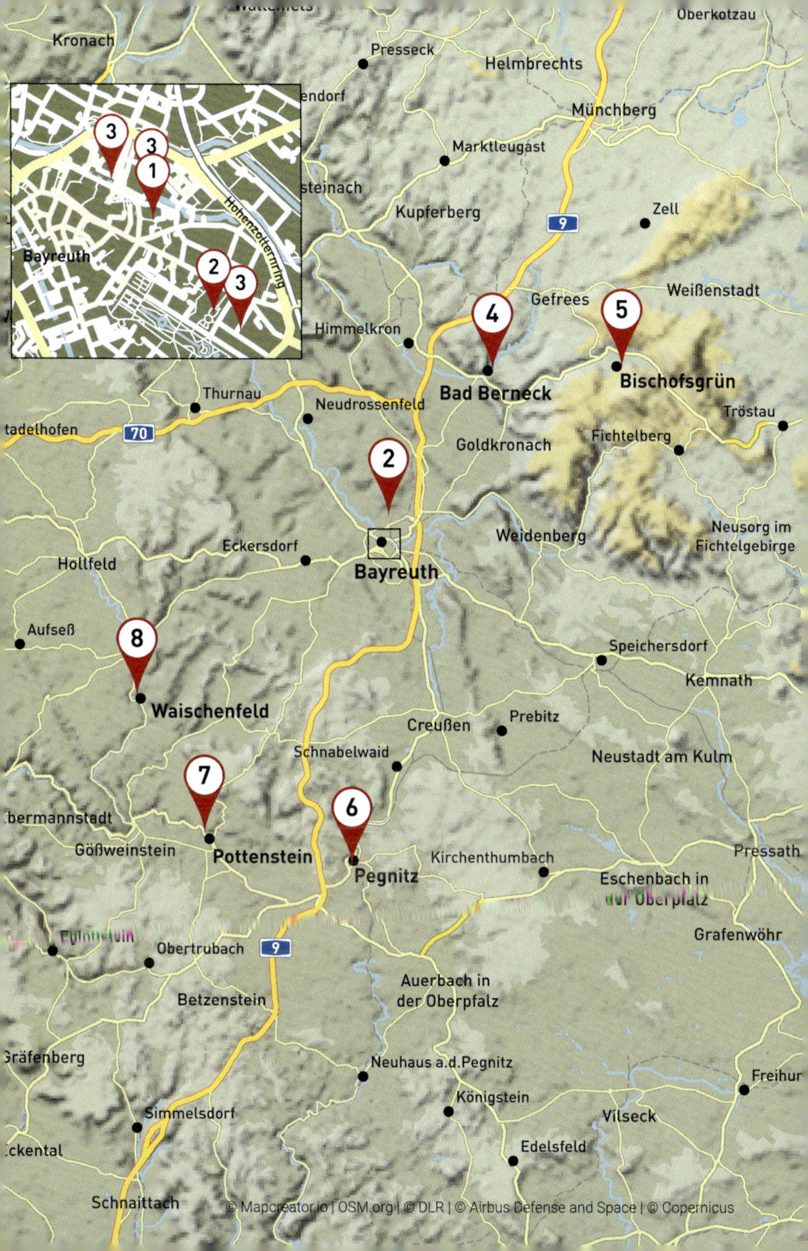
Kronach
Presseck
Oberkotzau
Helmbrechts
Münchberg
Marktleugast
Kupferberg
Zell
Bayreuth
Hohenzollernring
Himmelkron
Gefrees
Weißenstadt
Bad Berneck
Bischofsgrün
Tröstau
Thurnau
Neudrossenfeld
Goldkronach
Fichtelberg
Weidenberg
Neusorg im Fichtelgebirge
Eckersdorf
Hollfeld
Speichersdorf
Aufseß
Kemnath
Waischenfeld
Creußen
Prebitz
Schnabelwaid
Neustadt am Kulm
Gößweinstein
Pottenstein
Pegnitz
Kirchenthumbach
Pressath
Eschenbach in der Oberpfalz
Obertrubach
Grafenwöhr
Betzenstein
Auerbach in der Oberpfalz
Neuhaus a.d.Pegnitz
Freihung
Königstein
Vilseck
Simmelsdorf
Edelsfeld
Schnaittach
© Mapcreator.io | OSM.org | © DLR | © Airbus Defense and Space | © Copernicus

1 Bayreuth

WENN DIE STADT BEBT ...

... sind keine Opernfestspiele. Dann sorgt das Afrika-Karibik-Festival dafür, dass die evangelische Stadt etwas von ihrer protestantischen Kühle verliert und sich der Lust geradezu hingibt. Bayreuth, die Hauptstadt von Oberfranken, hat zugelegt, sich gemausert, zeigt sich jung und aufgeschlossen.

„Was hat sie, was ich nicht habe?" Diese Frage stellen sich zuweilen nicht nur eifersüchtige Frauen, sondern auch katholische Bamberger und evangelische Bayreuther. In Sachen Weltkultur konnten die Bayreuther 2012 endlich gleichziehen. Universitäten haben auch beide, ebenso Basketball-Bundesligisten. Beide sind mit rund 70.000 Einwohnern etwa gleich groß, aber Bayreuth ist Hauptstadt von Oberfranken. Während Bamberg Bischofssitz ist und Glück hatte: Die Stadt wurde im Krieg verschont, Bayreuth weitgehend zerstört. Deshalb ist Bayreuth großzügig angelegt und Bamberg verwinkelt. Und: „Wir sind warm, ihr seid kalt" – das sagen beide Seiten von sich und über die anderen ... Neutrale meinen: Die Bamberger sind behäbig, gutmütig, warm und die Bayreuther auf zack, ehrgeizig und etwas kühler. Nur im Juli ist es anders: Wenn das Afrika-Karibik-Festival stattfindet, dann bebt Bayreuth! Das Festival im Juli ist ein mehrtägiges Straßenfest in der Innenstadt mit Musik aus Afrika und der Karibik, mit traditionellen Speisen aus diesen Regionen und Basar mit mehr als 50 Ständen, an denen landestypische Kunst und Handwerk feilgeboten werden. Das Motto über allem freilich lautet: Wakadjo – lass' uns tanzen ...

„Oh ja!", sagt Jill O'Hare, „das waren immer die besten Tage im Jahr! Klasse Musik, Tanz, Party. Das war wow! Allerdings hieß es immer schon um 23 Uhr: Schluss mit lustig ..." Was irgendwie typisch ist für Bayreuth, denn „ansonsten war Bayreuth immer langweilig, aber die Leute, die waren dafür sehr, sehr nett". Jill hat inzwischen Karriere gemacht in London, in einem der besten Hotels der Stadt, dem „Mandarin Oriental" am Hyde Park. Ihren Grundstein aber hat sie in Bayreuth gelegt: mit dem BWL-Studium an der Partneruniversität ihrer Heimatstadt Dublin. „In Bayreuth ging einfach alles zack-zack, geradlinig und organisiert. Das hat mir schon gefallen".

Afrika-Festival hier, Wagner-Festspiele dort, die brodelnde heimische Party einerseits und der ritualisierte internationale Aufreger andererseits: Wegen letzterem wird Bayreuth gerne und regelmäßig medial verprügelt. Zu viel Wagner, zu wenig anderes! Ergo: Bayreuth bringt's nicht. „Eine furchtbar stumpfsinnige Kleinstadt", schrieb George Bernard Shaw. Der Satiriker Wiglaf Droste setzt noch einen drauf: „Ein Kuhdunghaufen, aus dem turnusmäßig Größenwahnfried quillt". Wer war noch mal Wiglaf Droste? Kein Problem: Die Bayreuther sind so was gewöhnt, schütteln sich und ärgern sich über andere Dinge. So gilt die alte Regel, wenn der Vorhang aufgeht, sind die Löcher zu, seit ein paar Jahren nicht mehr. Baustellen während der Festspielzeit: Das ist ein Ärgernis! Wiglaf Droste? Nö, zu klein, zu neidisch, außerdem inzwischen, wie Shaw, gestorben. Mit dem zweifelsohne vorhandenen Neidfaktor wird so vieles vom Tisch gewischt in Bayreuth. Nur sie haben halt diesen Richard Wagner (siehe Tipp 2). Also: Basst scho!

Bayreuth ist im Tal des Roten Mains zwischen Fichtelgebirge (siehe Tipp 45) und Fränkischer Schweiz (siehe Tipp 10) gelegen. Wer die großzügig angelegte Fußgängerzone Maximilianstraße

Altes Schloss

entlang spaziert, wird plätschernd von einem Zierbächlein begleitet. Man stößt auf das Alte Schloss, einst Regierungssitz der Markgrafen, heute die Heimat fürs Finanzamt ... Ist Bayreuth doch langweilig? Aber nicht doch: Die Hauptstadt bietet ja auch Street-Art und Urban Art. Rund 35 Objekte, Skulpturen, Plastiken und Street-Art-Malereien gehören zur Open-Air-Galerie der Stadt, darunter Arbeiten bedeutender Künstler des 20. Jahrhunderts wie Alfred Hrdlicka oder Horst Antes. Kunst im öffentlichen Raum, gepaart mit Markgräflichem Opernhaus (siehe Foto vorn), dem Neuen Schloss mit Spiegelscherbenkabinett, Hofgarten, Sonnentempel und seinen von Statuen aus der Barockzeit gesäumten Wegen sowie natürlich die Eremitage. Der Markgräfler-Brunnen zeigt den Regenten, Markgraf Christian Ernst, als Herrn von vier Kontinenten: An Selbstbewusstsein mangelte es offenbar nicht ...

Seit 2012 ist das Markgräfliche Opernhaus Weltkulturerbe und – wohl gemerkt! – nicht der Wagnersche Operntempel auf dem Grünen Hügel (siehe Tipp 2). Bauherrin von einem der schönsten Barocktheater Europas war Markgräfin Wilhelmine. Wand an Wand zum Opernhaus: die älteste benutzte Synagoge in Deutschland. Das Gebäude von 1760 wurde in der Reichskristallnacht von den Nazis verschont, weil sie glücklicherweise direkt ans Markgräfliche Opernhaus angebaut wurde. Etwa 60 Markgrafenkirchen im protestantischen Barock-Gewand in und um Bayreuth sind, jede für sich, ein kunsthistorisches Meisterwerk. Neben der gotischen Stadtkirche von 1270 liegt Jean Pauls Wohn- und

Markgräfliches Opernhaus

Sterbehaus, für Freunde der Literatur sicherlich ein Must go. Die letzten 21 Jahre seines Lebens verbrachte er in Bayreuth, wo er sich aus der Öffentlichkeit zurückzog und keine großen Werke mehr schrieb. Auch wenn der Schriftsteller, ebenso wie der Komponist Franz Liszt, lediglich zarte Spuren in Bayreuth hinterließ, sind beide Museen in der Wahnfriedstraße, nur getrennt durch ein paar Hausnummern, sehenswert: das Jean-Paul- und das Franz-Liszt-Museum (siehe Tipp 3).

Die Grünflächen der Stadt laden zu ausgiebigen Spaziergängen ein: Die Parks und Gärten sind die grüne Lunge der Stadt und werden von den Studenten der Universität gerne für ein Päuschen

Neues Schloss

abseits der Vorlesungen aufgesucht. Außerhalb des Zentrums lohnt die verspielte Eremitage, einst ein Refugium höfischen Lebens um Markgräfin Wilhelmine, heute ein Park für alle. Man wandelt an Apollo und den Sabrinerinnen vorbei und entspannt bei Wasserspielen, umrahmt von einer halbrunden Orangerie und bewacht von 40 Büsten römischer Kaiser.

Info

Lage: Bayreuth liegt etwa 90 Kilometer nordwestlich von Nürnberg.

Auskunft: Opernstraße 22, 95444 Bayreuth, Tel. 0921 88588, *bayreuth-tourismus.de*

Aktivitäten: Röhrensee, Naherholungspark mit Bootsverleih und Zoo, *tierpark-roehrensee.de;* Wellness mit 1000 Quadratmeter Wasserfläche und acht Saunen, *lohengrin-therme.de*

Event: Afrika-Karibik-Festival, *wakadjo.com*

Restaurants:

- Oskar: rustikales Wirtshaus mit fränkischer und bayerischer Küche; Maximilianstraße 33, 95444 Bayreuth, Tel. 0921 5160553, *oskar-bayreuth.de*
- Buschenschänke: Brotzeiten und ein wechselnde Tagesgerichte auf Bierbänken im Freien. Jean-Paul-Straße 7, 95444 Bayreuth, Tel. 0921 64408, *baeckerei-lang.de/buschenschaenke*

Unterkünfte:

- H 4: im Residenzschloss untergebrachtes, angenehmes 4-Sterne-Haus mit Sonnenterrasse und Wintergarten, Wellness- und Fitnessbereich; Erlanger Straße 37, 95444 Bayreuth, Tel. 0921 75850, *h-hotels.com*
- Goldener Anker: Boutiquehotel mit verspielt-romantischen Zimmern; Opernstraße 6, 95444 Bayreuth, Tel. 0921 7877740, *anker-bayreuth.de*

2 Bayreuth und Wagner

DIÄTFEHLER UND KNOCHENSCHLEIFCHEN

Zum Thema Richard Wagner beschleicht einen das Gefühl: Ist da nicht alles schon gesagt? Doch ohne ihn hätte Deutschland nicht die neben Salzburg bekanntesten Opernfestspiele. Und kein musikalisches Ereignis polarisiert so sehr wie der Auflauf von Künstlern, prominenten Gästen und beinahe gläubigen Wagnerianern.

Wenn Cosima sagte: „Richard hat wieder einen Diätfehler begangen." Dann hieß das: Wagner kam von der „Eule" und war betrunken. Die „Eule", Wagners Lieblingskneipe, ist heute ein Restaurant, wo es Nibelungensuppe und das Brünhildensteak gibt, und sie ist Station 7 des Walk of Wagner. Vom Haus Wahnfried geht es durch Bayreuth bis zum Festspielhaus und dank zahlreicher Installationen sogar im Geiste auch durch Leipzig und Dresden, Würzburg und München, Zürich und Paris. Ein geschwungenes weißes W im rotem Kreis zeigt den Weg.

Das Haus Wahnfried ist Station 1 mit dem Richard-Wagner-Museum und den Grabstätten von Richard und Cosima Wagner im Garten. Cosima war die Tochter des Komponisten Franz Liszt und die zweite Ehefrau Richard Wagners. Aber sie musste ihren Richard teilen, denn Wagner vergnügte sich ausgiebig mit Sängerinnen, Pianistinnen und Schriftstellerinnen, aber auch mit Dienerinnen und Frauen von hohem und höchstem Adel. Kurz bevor Wagner starb, schreibt er noch an einem Aufsatz „Über das Weibliche im Menschen". Mitten im letzten Satz fällt ihm die Feder aus der Hand. Er läutet nach Cosima und stirbt in ihren Armen. Nach dessen Tod leitete Cosima bis 1908 die Bayreuther Festspiele.

Haus Wahnfried

Wagners Grab und ...

... das von Hund Russ

Eine schlichte Granitplatte ohne Inschrift ziert Richards Grab: „Jeder weiß doch, wer da liegt", sagt eine Fremdenführerin. Wie wahr, wenn es wirklich stimmt, dass nur über Christus und Napoleon mehr geschrieben wurde als über Wagner. Zwei Meter daneben ist Hund Russ begraben. Zur Festspielzeit liegen dort Knochen mit Schleifchen ...

Für Gäste, die sich eingehend und genau über den Komponisten informieren wollen, ist der Besuch von Haus Wahnfried ein Muss. Dort hat Richard Wagner gelebt und seine Oper „Götterdämmerung" fand dort mit den Worten den Abschluss: „Vollendet in Wahnfried, ich sage nichts weiter".

Das ins Haus integrierte Museum, in Nachbarschaft des Hofgartens gelegen, bietet einen umfassenden Ein- und Überblick über das Leben und Werk des Komponisten: Im Erdgeschoss präsentiert es Wagner und sein Umfeld in den Jahren um 1880, im Nebenbau wird die Geschichte der Festspiele dargestellt, im benachbarten Siegfried-Wagner-Haus schließlich sind die Wohnräume zu sehen, in denen auch auf seine ideologische Entwicklung eingegangen wird. Das Museum wurde 1976 eingerichtet, nachdem die Stadt Bayreuth das Wohnhaus der Familie Wagner gekauft und in den Urzustand um 1880 zurück restauriert hat.

Richard Wagner kam ja ursprünglich wegen dem Markgräflichen Opernhaus – Station 8 nach der „Eule" – ins beschauliche Bayreuth. Es gab 500 Sitzplätze und die tiefste Bühne Deutschlands: Das faszinierte ihn. Aber er mochte das Barocke nicht,

Festspielhaus

weshalb ihm König Ludwig II. 1872 ein eigenes Opernhaus gönnte, nur für ihn und seine Werke: das Festspielhaus am Grünen Hügel, damals weit außerhalb der Stadt gelegen. Kosten: 428.384,09 Mark, was heutigen 4,3 Mio. Euro entsprechen würde. Es wurde eines der größten Opernhäuser der Welt und 1876 mit „Rheingold" eröffnet. 2000 Besucher finden darin Platz. Abgesehen von Beethovens 9. Symphonie wurde dort bis heute ausschließlich Wagner gespielt.

Wer nie im Festspielhaus saß, wird staunen: über harte und unbequeme Holzklappstühle mit schlichtem Bezug. Die Rückenlehnen sind gar aus blankem Holz, damit wenig Schall geschluckt wird und sich der Klang im ganzen Raum verteilen kann. Zweckmäßigkeit statt Plüsch und Prunk: Wer hören will, muss leiden für die angeblich beste Akustik der Welt. Erfahrene Bayreuth-Gänger haben deshalb ein Sitzkissen dabei ... Wenn die Hundstage sind, werden im Innenraum noch dazu Spitzenwerte von 35 Grad gemessen. Dann ist Wagner nicht nur schwer, sondern sogar äußerst schwer verdaulich. Angela Merkel weiß ein Lied davon zu singen. Wurde sie – als sie noch Bundeskanzlerin war – beim Winken zum Wählervolk mit Schweißfleck unterm Arm erwischt, den, und das war der eigentliche Skandal, manche Medien wegretuschierten. Am Premierentag saß die Bundeskanzlerin in der Loge, an den Folgetagen sieht man Frau Merkel als Privatperson – wie auch jetzt als Ex-Kanzlerin – im Parkett. Schotten kommen im Kilt, Japaner im Kimono und so mancher Deutsche trägt Frack. Für eine Wagner-Aufführung muss man eben vorbereitet sein. Das betrifft heutzutage auch Inhalt und Motive.

Künstlergalerie am Festspielhaus

Wie könnte man eine postdramatische Inszenierung eines Frank Castorf sonst deuten? Hund Russ würde wahrscheinlich kläffen, was das Zeug hält.

Das Festspielhaus am Grünen Hügel liegt etwa zwei Kilometer vom Zentrum entfernt. Der Festspielpark ist mit seiner Größe von 19 Hektar auch abseits der Festspiele einen Besuch wert. Zahlreiche Tafeln informieren über die Geschichte der Festspiele und das „Who is who" der Musiker, die dort bislang auf der Bühne und im Orchestergraben tätig waren. Sowohl eine Wagner- als auch eine Liszt-Büste, jeweils von Arno Breker, sind im Park zu sehen.

Wagner-Bank

Bis der Grüne Hügel erreicht ist, kommt man noch auf Station 4 bei „Steingraeber" vorbei, wo Wagners Klaviere gestimmt wurden, und deren Pianos heute zwischen 10.000 und 200.000 Euro kosten. An manchen Exemplaren in den interessanten und zugänglichen Ausstellungsräumen steht sogar ein Schildchen mit dem dezenten Hinweis: unverkäuflich, wie der original Liszt-Flügel von 1873. Kunden waren neben Richard Wagner und Franz Liszt etwa David Gilmour von Pink Floyd oder die Berliner Philharmoniker. Das Wohnhaus von Wagner-Freundin Malwida von Meysenburg wird an Station 5 passiert oder man hockt noch locker Arm in Arm auf der Bank mit einer Richard-Wagner-Skulptur in der Opernstraße 22, der Station 9. Richard Wagner ist in Bayreuth eben auf Schritt und Tritt präsent.

Info

Lage: Bayreuth liegt etwa 90 Kilometer nordwestlich von Nürnberg.

Auskunft: Opernstraße 22, 95444 Bayreuth, Tel. 0921 88 57 55, *bayreuth-tourismus.de*

Aktivitäten: Walk-of-Wagner-Folder und Wagner-Stadtplan unter *bayreuth-tourismus.de/service/download*

Event: Karten für die Bayreuther Festspiele gibt es auch online, knapp 60.000 Karten bei 400.000 Anfragen, die man bis Herbst für den folgenden Sommer stellen sollte, *bayreuther-festspiele.de*

Museum: *wagnermuseum.de*

Einkaufen: Pianos, *steingraeber.de*

Restaurants:

- Eule: Siegfrieds Drachenschnitzel, Walküren-Brust oder einfach ein Paar Bratwürste gibt es in Wagners einstiger Lieblingswirtschaft, der knapp 200 Jahre alten Eule; Kirchgasse 8, 95444 Bayreuth, Tel. 0921 95802795, *eule-bayreuth.de*
- Manns-Bräu: fränkische Küche, eigene Brauerei; Friedrichstraße 23, 95444 Bayreuth, Tel. 0151 15558363, *mannsbraeu.de*

Unterkunft:

- Lohmühle: 3-Sterne-Hotel in einem Fachwerkhaus im Zentrum. Eigenes Bienen-Volk für den Frühstückshonig, Restaurant, Biergarten; Badstraße 37, 95444 Bayreuth, Tel. 0921 53060, *hotel-lohmuehle.de*

3 Museen in Bayreuth

„OH DU GELIEBTES BAYREUTH …“

Kultur und Kulinarik, Musik und Museen: Jeder findet in Bayreuth etwas. Und gerade die Museumslandschaft zeigt sich überraschend abwechslungsreich. An der Spitze der vielfältigen Liste steht sicherlich der berühmteste Sohn der Stadt (auch wenn er in Leipzig geboren wurde): Richard Wagner. Das nach ihm benannte Museum ist in seinem ehemaligen Wohnhaus, dem Haus Wahnfried untergebracht (siehe Tipp 2). Doch beinahe gleichauf stehen auch die Museen zu Ehren zweier weiterer großer Künstler: Jean Paul und Franz Liszt.

… schrieb der Dichter Jean Paul und hinterließ eine Liebeserklärung an die Stadt, die heute mit einer Museumslandschaft aufwartet, die man vor lauter Wagner, Wagner und nochmals Wagner nicht außer Acht lassen sollte. Dabei geht es um moderne und afrikanische Kunst, um Urwelten, Franz Liszt und eben Jean Paul.

Komponisten-Kollege Franz Liszt, geboren im österreichischen Kaiserreich, aber 1886 verstorben und beigesetzt in Bayreuth, war zunächst Freund und später Schwiegervater von Richard Wagner, der seine Tochter Cosima heiratete. In seinem Sterbehaus, in direkter Nachbarschaft des Hauses Wahnfried, ist das mit Efeu bewachsene Franz-Liszt-Museum untergebracht, wo sich Besucher über das Leben des Komponisten, Pianisten, Dirigenten, Theaterleiters und Musiklehrers, untermalt von seiner Musik,

Wagner-Liszt-Tour

informieren können. Zu sehen sind Porträts, Hand- und Notenschriften.

Ebenfalls an der Wahnfriedstraße, nur ein paar Hausnummern vom Liszt-Museum getrennt, liegt das Museum eines weiteren bedeutenden Bayreuthers: Jean Paul, eigentlich Johann Paul Friedrich Richter, wurde im nahen Wunsiedel geboren und verstarb 1825 in Bayreuth. Er lebte rund 20 Jahre in der Stadt und einige seiner Romane spielen in und um Bayreuth, von dem er schwärmte: „Oh du geliebtes Bayreuth, in das ich wie in einen Himmel fuhr und in dem ich jede Minute verschlang, aus Furcht, sie fliege ungenossen vorüber". Das Museum beherbergt wertvolle Handschriften des Dichters, Informationen über sein Leben und Werk mit seinem einzigartigen Sprachstil. Ein herrlich rotgestrichenes Refugium voller wunderbarer Bücher.

Franz-Liszt-Museum

Im Kunstmuseum im Alten Barockrathaus der Stadt stehen wechselnde Ausstellungen zur Kunst des 20. Jahrhunderts im Mittelpunkt: Expressionismus, Konstruktivismus, Surrealismus und auch Werke der Neuen Sachlichkeit.

Abseits von deutscher Kunst, Musik und Literatur, lädt Bayreuth auch zu einem Ausflug in die afrikanische Kultur ein. Das Iwalewahaus verfügt über eine umfangreiche Sammlung moderner und zeitgenössischer bildender Kunst aus Afrika, Asien und dem pazifischen Raum. Auch Fotografie und Film spielen eine Rolle: Für den afrikanischen Film hat das Iwalewahaus mit den Afrikanischen Filmtagen Cinema Afrika ein bedeutendes Forum geschaffen.

Im Urwelt-Museum geht es weiter auf eine Zeitreise über 4,6 Milliarden Jahre durch die Geschichte des Lebens, des Gesteins und der Mineralien der Region. Am Eingang begrüßt ein Dinosaurier die Besucher, welche die Gesteinswelten auch berühren dürfen.

Um die Freimaurer ranken sich viele Mythen, Legenden und Gerüchte. Mit diesen wollen die Deutschen Freimaurer in ihrem Museum aufräumen. Das Museum wurde bereits 1902 errichtet und ist heute das einzige Spezialmuseum in Deutschland zum Erbe der Freimaurer. Wegen der Aufnahmerituale und geheimen Treffen, über die nicht gesprochen werden darf, sind die Freimaurer bis heute für den Großteil der Bevölkerung Fremdkörper innerhalb der Gesellschaft, obgleich sie sich doch nach eigenen Angaben als ein Zusammenschluss für Menschlichkeit und Toleranz sehen.

Und dann gibt es noch Maisel's Bier-Erlebnis-Welt, ebenfalls ein Museum zum Anfassen: Im ältesten Gebäude der Maisel-Brauerei von 1887 erlebt man vier Generationen Brautradition. Man kann das Bier sehen, riechen, hören und natürlich schmecken. Die Maschinen, die glänzenden Kupferkessel im Sudhaus, die Büttnerei und Fassmacherei funktionieren noch wie früher. Eine große Sammlung internationaler Biergläser und historischer Krüge rundet das Angebot ab.

Maisel's Bier-Erlebnis-Welt

Info

Lage: Bayreuth liegt etwa 90 Kilometer nordwestlich von Nürnberg.

Auskunft: Opernstraße 22, 95444 Bayreuth, Tel. 0921 88 57 55, *bayreuth-tourismus.de*

Aktivitäten: Katakombentour durch das fast 500 Jahre alte Bierkellerlabyrinth, *maiselandfriends.com*

Museen: *bayreuth-tourismus.de/sehenswertes/museen*

Restaurant:

- Wolffenzacher: Traditionswirtshaus seit 1616, uriges Ambiente, gehobene fränkische Küche; Badstraße 1, 95444 Bayreuth, Tel. 0921 64552, *wolffenzacher.de*

Unterkunft:

- Liebesbier Urban Art Hotel: auf dem Brauereigelände von Maisel's Bier-Erlebnis-Welt. Zimmer, Innen- und Außenflächen wurden von 50 internationalen Künstlern gestaltet. Sauna, Restaurant mit 100 Sorten Bier; Andreas-Maisel-Weg 1, 95445 Bayreuth, Tel. 0921 46008020, *liebesbier.de*

4 Bad Berneck

HUMBOLDTS RISKANTER VERSUCH

Der junge Bergbauingenieur und spätere Naturwissenschaftler wäre in Berneck fast zu Tode gekommen. Erst seit 1950 ist der Ort Kneippsches Heilbad, allerdings mit historischen Kolonnaden sowie Burgenensemble, Dendrologischem Garten und eingebettet zwischen sieben Bergen inmitten des Fichtelgebirges.

„Beständiges Glück" hieß das Bergwerk, in dem Alexander von Humboldt 1796 einen Versuch unternahm, bei dem er tatsächlich viel Glück hatte: Ohne Glück wäre Humboldt in dem Bergwerk wohl zu Tode gekommen. Der frisch gebackene Bergbauingenieur sollte im Auftrag der preußischen Regierung die Bergbaureviere Frankenwald (siehe Tipp 38) und Fichtelgebirge (siehe Tipp 45) auf Vordermann bringen. Besonders die Sicherheit lag Humboldt am Herzen und so entwickelte er eine Lichterhalter genannte Grubenlampe, die auch ohne Luftzufuhr nicht erlosch. Er testete den Lichterhalter selbst, fiel aber wegen giftiger Gase im Schacht in Ohnmacht und konnte nur mit Glück im letzten Moment durch den Bergbaumeister gerettet werden. Das Licht der Lampe brannte nach Verlassen des Schachtes noch und Humboldt meinte später: „Das war wohl der Ohnmacht wert".

Heute ist Bad Berneck Luftkurort und Kneippsches Heilbad. Mit zwei historischen Kolonnaden und einem Kioskhäuschen der Jahrhundertwende zeigt es eindrucksvolle Bäderarchitektur. Das Herzstück der Stadt war aber schon immer der historische Marktplatz. Darüber und durch die verwinkelten Gassen spazierten schließlich schon Jean Paul und Alexander von Humboldt. Alte Fachwerkhäuser, die ehemalige Poststation mit Arkaden, Bürger- und sechs Wirtshäuser prägen den Platz. Einige von ihnen halten noch an den alljährlichen Brezen-Wochen fest. Eine Tradition, die auf einen altdeutschen Brauch zurückzuführen ist. Zur Zeit der Wintersonnenwende wurde ein rundes Gebäck gegessen, das die fruchtbringende Sonne symbolisierte. Die Brotlaibe hießen bald Fastenbrezen und wurden zwischen Neujahr und Dreikönigstag

Marktplatz

gebacken und in geselliger Runde verzehrt. Heute hängt der Gastwirt eine Breze aus und zeigt damit an, dass es von nun an urfränkische Gerichte wie Schlachtplatten, Krenfleisch mit Klößen oder Siedwerscht, also Blut- und Leberwürste, gibt. Und für jeden natürlich auch Brezen mit Schmalz ...

Kurpark

Burg Hohenberneck

Im Kurpark wird die Kneipp-Anlage rege benutzt, das Sommerparkfest besucht und die Kurpark-Konzerte stehen sonntags im Mittelpunkt. Hoch über Stadt und Kurpark wacht ein Bergfried, erreichbar über einen Wanderweg, der einst ein Teil der Handelsstraße Via Imperii war. Er gehört zur Ruine Altes Schloss aus dem 14. Jahrhundert, kam aber erst rund 500 Jahre später hinzu. Teil des Ensembles ist auch die Romantikbühne von 1906, was sie zu einer der ältesten deutschen Freilichtbühnen macht. Die Burgruine Hohenberneck – soeben komplett saniert – vervollständigt das Burgenensemble.

Aber nochmal zurück zur Grube „Beständiges Glück", aus der zwischen 1486 und 1841 Alaunschiefer gewonnen wurde. Alaun benötigte man damals für die Gerberei. Den historischen Eingang des Bergwerks gibt es bis heute, die Stollen allerdings sind verschüttet. Bad Berneck besitzt den einzigen Dendrologischen Garten in Bayern. Und im Herzen des Gartens befindet sich das historische Bergwerk „Beständiges Glück". Der reiche Fabrikant Wilhelm Rother, seit 1861 Bernecker Einwohner, erwarb das Gelände des ehemaligen Bergwerks und gründete darauf einen öffentlich zugänglichen Landschaftspark für exotische Bäume aus aller Welt. Heute sind bis zu 120 Jahre alte Bäume von 20 Arten

Dendrologischer Garten

zu sehen, darunter zwei Rekordbäume: die höchste orientalische Fichte Mitteleuropas mit 45 Metern und die dickste Moltke-Linde Deutschlands mit 3,22 Meter Umfang.

Rother verstarb 1898 und vermachte sein ganzes Vermögen seiner Wahlheimat. Im Volksmund wird der Dendrologische Garten – abgeleitet von Dendrologie für Baum- und Gehölzkunde – deshalb häufig Rotherspark genannt.

Info

Lage: Bad Berneck im Fichtelgebirge liegt etwa 15 Kilometer nordöstlich von Bayreuth.

Auskunft: Marktplatz 21, 95460 Bad Berneck, Tel. 09273 574374, *badberneck.de*

Aktivitäten: Kneippen im Kurpark, Jean-Paul Rundwanderweg mit Zitaten

Events: Brezen-Wochen ab 6. Januar, Kurpark-Konzerte (Mai bis September), Sommerparkfest im August

Restaurants:

- Marktplatzstüberl: fränkische Küche, Beate ist eine der sechs Marktplatzwirte. Marktplatz 34, 95460 Bad Berneck, Tel. 09273 8282, *marktplatzstueberl.de*
- Gasthof Friedrich: Fleischgerichte aus der eigenen Metzgerei. In den Brezenwochen spielen Musikanten auf; Hofer Straße 3, 95460 Bad Berneck, Tel. 09273 477, *gasthof-friedrich.de*

Unterkunft:

- Gasthaus Merkel: helle Zimmer, Sauna. Die Familie gehört ebenfalls zu den Marktplatzwirten; Marktplatz 13, 95460 Bad Berneck, Tel. 09273 9930, *merkelhotel.de*

5 Bischofsgrün

PRIMA KLIMA

Hundert Schneetage im Jahr zählt Bischofsgrün. Eingerahmt von den beiden höchsten Bergen Nordbayerns, dem Schneeberg mit 1053 und dem Ochsenkopf mit 1024 Metern, bietet der heilklimatische Kurort auf 680 Meter Höhe Urlaub auch zur Winterszeit. Und es wundert nicht, dass dort das Schneemannfest gefeiert wird: jedes Jahr traditionell am Rosenmontag. Da im Jahr 1985 das Wetter zu schlecht zum Skifahren war, hatte ein Bischofsgrüner Skilehrer die Idee, einen großen Schneemann auf dem Marktplatz zu bauen. Jakob wurde der erste Schneemann genannt und er war stolze drei Meter hoch. Genau 30 Jahre später wurde der bislang größte Bischofsgrüner Schneemann gebaut: mit einer Höhe von 12,65 und einem Umfang von 29,80 Metern. 2017, also zwei Jahre später, wurde ein Schneemann gebaut, der im Maßstab 1:100 genauso groß war wie der Bischofsgrüner Hausberg, der Ochsenkopf: nämlich 10,24 Meter.

Bischofsgrün ist seit 1992 Heilklimatischer Kurort und hat das beste Klima Deutschlands, ist bekannt für seine Riesenschneemänner beim großen Schneemannfest, während andere wegen 300 Kilometer Wander- und Fahrradwege im Fichtelgebirge kommen.

Bischofsgrün ist touristisch die größte Gemeinde im Fichtelgebirge (siehe Tipp 45), aber abgesehen vom schönen Marktplatz mit

Schneemannfest

der Matthäuskirche gibt es keine großen Sehenswürdigkeiten. Dafür ist Bischofsgrün als heilklimatischer Kurort eingestuft und hat, durch den Deutschen Wetterdienst und Klimastationen im Ort nachweislich bestätigt, das beste Klima Deutschlands. Die Prädikatsicherung erfolgt nach bundesweiten Kriterien. Beste Voraussetzungen also für einen Kur- oder Wanderurlaub, denn es gibt 300 Kilometer Wege: heilklimatische Wege und Familienwege, Rundwanderwege und Etappenwege, einfache Fahrradwege und anspruchsvolle Mountainbikewege. Dazu sorgt eine Ganzjahres-Rodelbahn für Abwechslung. Das Wintersportzentrum verfügt über Loipen, Schlepplifte und an der Seilbahn Nord steht die längste technisch beschneite Piste Nordbayerns mit gut zwei Kilometer Länge zur Verfügung.

Info

Lage: Bischofsgrün im Fichtelgebirge liegt etwa 24 Kilometer nordöstlich von Bayreuth.

Auskunft: Jägerstraße 9, 95493 Bischofsgrün, Tel. 09276 1292, *bischofsgruen.de*

Aktivitäten: Wandern, Fahrradfahren, Wintersport

Event: Schneemannfest am Rosenmontag

Restaurant:

- Puchtlers: romantisches 4-Gang-Candlelight-Dinner; Kirchenring 4, 95493 Bischofsgrün, Tel. 09276 924060, *puchtlers.de*

Unterkunft:

- Hammerschmiede: moderne Zimmer, Restaurant mit offener Küche, Biergarten; Fröbershammer 8, 95493 Bischofsgrün, Tel. 09276 310, *hammerschmiede-bischofsgruen.de*

6 Pegnitz

BRATWURST, BROT UND BIER

Vor nicht allzu langer Zeit war Pegnitz *die* Übernachtungsadresse, wenn in Bayreuth Festspielzeit war (siehe Tipp 2). Einfacher Grund: „Pflaums Posthotel". Alles was Rang und Namen hatte, stieg bei Andreas Pflaum ab. Michael Jackson feierte dort sogar seinen 34. Geburtstag. Nur Festspielstammgast Angela Merkel blieb immer in Bayreuth, im einfachen „Waldhotel Stein". Beide Hotels gibt es nicht mehr. Aber die Zimmer in „PPP" („Pflaums Posthotel Pegnitz") sind unvergesslich: Sie waren schrill, extravagant, futuristisch. Die Suite Venus in Blau wurde von einer New Yorker Design-Zeitschrift sogar als schönste Suite der Welt ausgezeichnet. Und auf die Teller kam originellstes Geschwurbel. Mittags auf der Terrasse gab es schon auch mal Bratwürste – mit Champagner.

Wenn in Franken ein Bratwurstgipfel abgehalten wird, strömen die Leute herbei. In Pegnitz – ausgezeichnet als Genussort – kommen deshalb an einem Tag im Jahr mehr Besucher als die Stadt Einwohner hat. 20.000 Besucher probieren dann 30 Bratwurstsorten.

Diese Zeiten sind vorbei. Der Glamour ist weg und Pegnitz wirkt ohne das „Posthotel" fast wie eine dörflich anmutende Kleinstadt ohne Besonderheiten. Doch der erste Blick täuscht. Auch ohne „PPP" darf sich das Städtchen Genussort nennen. Das Bayerische Landwirtschaftsministerium vergab die Auszeichnung, weil Pegnitz „in einzigartiger Weise Bratwurst, Brot und Bier" verbindet. Zum Fränkischen Bratwurstgipfel am Sonntag vor Pfingsten kommen etwa 20.000 Besucher, um rund 30 verschiedene Bratwurstsorten zu kosten. Und am Ende des Tages wird der Fränkische Bratwurstkönig gekürt.

Bratwurst-Weggla

Natürlich gibt es auch ein paar Sehenswürdigkeiten in der 13.000-Einwohner-Stadt: Das historische Rathaus von 1347, die Zaussenmühle, einst Mühle, heute Gasthof im Fachwerkmantel, hinter dem die Pegnitzquelle zu finden ist. Vom 544 Meter hohen Schlossberg mit Aussichtsturm, der nach 97 Stufen erklommen ist, hat man den besten Überblick. Und im schlichten Altenstädter Schloss erfährt man durch eine interaktive Multimedia-Ausstellung vieles zur Pegnitzer Geschichte.

Info

Lage: Pegnitz liegt rund 30 Kilometer südlich von Bayreuth.

Auskunft: Hauptstraße 39, 91257 Pegnitz, Tel. 09241 72311, *pegnitz.de*

Event: Bratwurstgipfel am Sonntag vor Pfingsten

Restaurant:

- Zaussenmühle: Fachwerkhaus mit Biergarten, gute Steaks und Burger; Bayreuther Straße 3, 91257 Pegnitz, Tel. 09241 4919289, *restaurant-zaussenmuehle.de*

Unterkunft:

- Rosenhof: schicke, moderne Zimmer mit Design-Bädern; Buchauer Straße 9, 91257 Pegnitz, Tel. 09241 2086, *rosenhof-garni.de*

7 Pottenstein

GEHEIMNISVOLLE UNTERWELT

Tropfsteinhöhlen haben ja immer etwas märchenhaft-fabulöses, gerade mit einem Namen wie Teufelshöhle (siehe Foto). Doch auch am Tageslicht ist Pottenstein anziehend, vor allem wegen des Felsenstädtchens Tüchersfeld ...

Glänzende Kalkgebilde, spitz zulaufende Stalagmiten und tropfenförmige Stalagtiten: Eine Höhle ist auch beim hundertsten Besuch immer noch etwas besonderes, weil stets geheimnisvoll und mit einem Hauch von Abenteuer behaftet. In dieser Millionen Jahre alten Unterwelt tropft es aller Orten. Es gibt winzige Lebewesen, die ohne Licht auskommen. Ein Tropfstein braucht mindestens sieben Jahre, um gerade mal einen Millimeter zu wachsen. Und in der Teufelshöhle von Pottenstein gibt es so viele wunderbare und wuchtige Tropfsteingebilde! In ihrem größten Saal hätte sogar eine Dorfkirche Platz. Die Höhle hat eine Länge von 1,5 Kilometern und ist damit die größte in der Fränkischen Schweiz (siehe Tipp 10). Sommers wie winters werden konstant neun Grad gemessen, womit sie ideal für Asthmatiker und Allergiker ist.

Die Teufelshöhle ist nur eine von mehr als tausend Höhlen in der Fränkischen Schweiz. Rund 50 von ihnen sind begehbar, wenngleich einige nur mit Führer. Unweit von Pottenstein entfernt sind noch die nicht minder bekannte Binghöhle in Streitberg, Deutschlands größte Galerietropfsteinhöhle mit 400 Meter Länge, und die Sophienhöhle im Ahorntal, die bundesweit als eine der schönsten Höhlen gilt.

Fachwerkhäuser

Tüchersfeld

Doch nicht nur die Unterwelt ist spektakulär: Im Tageslicht zeigt sich das Felsendorf Tüchersfeld imposant mit aufragenden Felsen, die wirken als seien sie modelliert. Umringt von Bergen ist die malerische Gemeinde, die zu Pottenstein gehört und die man am besten vom Ausblick Fahnenstein in Augenschein nimmt: Durch einen Felsdurchbruch gelangt man zur Aussichtsplattform.

Burg Pottenstein

Der Hauptort Pottenstein wurde durch seine Burg schon vor dem Jahr 1000 erwähnt. Mit Unter- und Oberburg, Zeughaus und Zisterne sowie Resten des Burgfrieds ist sie heute ein verschachteltes Kleinod. Eine weitere Burgruine findet sich im Ortsteil Leienfels.

Info

Lage: Pottenstein liegt ca. 30 Kilometer südwestlich von Bayreuth.

Auskunft: Forchheimer Straße 1, 91278 Pottenstein, Tel. 09243 70841, *pottenstein.de*

Aktivitäten: Badesee, Golf, Kletterwald, Paragliding

Museum: *fraenkische-schweiz-museum.de*

Restaurant:

- Hufeisen: fränkische Küche, selbstgebrautes Bier; Hauptstraße 36, 91278 Pottenstein, Tel. 09243 260, *hufeisen-braeu.de*

Unterkunft:

- Goldene Krone: behagliche Zimmer in Bayerns ältester Mühle, Restaurant; Marktplatz 2, 91278 Pottenstein, Tel. 09243 92430, *goldene-krone-pottenstein.de*

8 Waischenfeld

BEIM BRÜHTROGRENNEN

Im waldigen Wiesenttal, wo man das Fliegenfischen lernen oder ausüben kann, liegt der lauschige Luftkurort mit 3000 Einwohnern, dessen Wahrzeichen den ungewöhnlichen Namen Steinerner Beutel trägt.

Wenn der Wiesentrenner gegen den Schmierbachflitzer antritt, dann ist es August, heiß und das Brühtrogrennen findet auf der Wiesent im Ortsteil Nankendorf statt. So einfach wie das Paddeln in den eckigen Brühtrögen ausschaut, ist es jedoch nicht, denn sobald man um die Wendeboje herum ist und flussaufwärts gegen die Strömung ankämpfen muss, zeigt sich, wer seine Kräfte für die Strecke gut eingeteilt hat. Ein wunderbares Spektakel mit Volksfest und Sau am Spieß zum Finale.

Aktivitäten stehen ganz im Vordergrund bei einem Besuch in Waischenfeld in der Fränkischen Schweiz (siehe Tipp 10). So kann man die schöne und gemächlich fließende Wiesent mit dem Kanu entdecken: zwischen Mai und September übrigens die einzig erlaubte Flusswanderfahrt durch die Fränkische Schweiz. Daran wird sich auch vorerst nichts ändern: Eine Klage vom Bund Naturschutz, den Kanuverleihern die Lizenz für ihren Betrieb zu entziehen, wurde am Verwaltungsgericht Bayreuth abgewiesen.

Auf der Wiesentbrücke

In Fliegenfischerschulen kann man die ungewöhnliche Art des Angelns zwischen März und November erlernen oder ausüben. Dabei ist der Köder, meist Fliegen oder Insekten, so leicht, dass das Eigengewicht der Schnur als Wurfgewicht verwendet wird. Und das will schließlich gelernt sein.

Wanderer nehmen gerne den König-Ludwig-Steig, der über 17 Kilometer zur knapp fünf Meter hohen Weißen Marter in den Waischenfelder Gemeindeteil Köttweinsdorf und damit zur größten Dreifaltigkeitsstatue Deutschlands führt. Und natürlich kann man

Steinerner Beutel

in Waischenfeld auch Klettern: Im Ort liegen die Felsen Freistein und Moby Dick, außerhalb die beiden beliebten, bis zu 15 Meter hohen Harry-Potter-Wände.

Gästeführung

Bleibt noch das Wahrzeichen des Luftkurorts: die Burgruine mit dem von Weitem sichtbaren Rundturm Steinerner Beutel. Er wurde im 13. Jahrhundert erbaut und ist 13 Meter hoch. In der Nähe lädt auch Burg Rabeneck zu einer Tour ein.

Info

Lage: Waischenfeld liegt etwa 25 Kilomeer südwestlich von Bayreuth.

Auskunft: Bischof-Nausea-Platz 2, 91344 Waischenfeld, Tel. 09202 960117, *waischenfeld.de*

Aktivitäten: *kajak-mietservice.de, fliegenfischerschule-fraenkische-schweiz.de*

Event: Brühtrogrennen, *nankendorf.de*

Restaurants:

- Gasthof Krug: Brauerei seit 1834, günstiges Essen, Zimmer, Tanzcenter; Breitenlesau 1b, 91344 Waischenfeld, Tel. 09202 535, *krug-braeu.de*
- Rabeneck: fangfrische Forellen und Fränkisches, schöne Terrasse, Zimmer; Rabeneck 27, 91344 Waischenfeld, Tel. 09202 220, *waldpension-rabeneck.de*

Unterkunft:

- Gut Schönhof: Im Heuhotel schläft man im Heu auf einer Decke; Schönhof 11, 91344 Waischenfeld, Tel. 09202 1228, *gut-schoenhof.de*

Forchheim

Gleitschirmflieger in der Fränkischen Schweiz

Forchheim

Königsfeld
Hollfeld
Litzendorf
Aufseß
Heiligenstadt i.OFr.
Strullendorf
LEINLEITER
Waischenfeld
Kirchahorn
rschaid
Wohlmanngesees
73
Eggolsheim
Ebermannstadt
10
11
Gößweinstein
Pottenstein
Fränkische Schweiz
9
Walberla
Forchheim
Egloffstein
12
Obertrubach
Betzenstei
Baiersdorf
REGNITZ
Gräfenberg
9
Neunkirchen am Brand
Simmelsdorf
Erlangen
Eckental
Schnaittach
Tennenlohe
3
Heroldsberg
© Mapcreator.io | OSM.org | © DLR | © Airbus Defense and Space | © Copernicus

9 Forchheim

WO UNTEN OBEN IST

In die Keller geht es in einer der ältesten Städte Frankens nach oben. Für die Besucher hört sich das ungewöhnlich, aber durchaus spannend an. Kaiserpfalz und Nürnberger Tor, Fachwerkhäuser-Ensemble und Wiesent-Brücken gehören zu den Plätzen, die man sehen sollte. Und das Annafest nicht vergessen, wenn es im Juli heißt: „alla Dooch – Annafest" – alle Tage Annafest.

„Nauf auf die Keller", einen Satz wie diesen wird man wohl nur in Forchheim hören. Gemeint ist der Forchheimer Kellerwald: mit 23 Bierkellern auf zusammen rund 20.000 Quadratmetern für insgesamt etwa 30.000 Gäste ist der Kellerwald vielleicht der größte Biergarten der Welt am 340 Meter hohen Kellerberg. Unter ihm verbirgt sich ein unterirdisches Labyrinth aus kilometerlangen Gängen, wo man mehr als 400 Jahre lang das Bier kühl lagern und es auch gleich an Ort und Stelle trinken konnte. Unter Schatten spendenden Bäumen – die offizielle Bierkellersaison ist von April bis Oktober – kam zum kühlen Bier dann auch die gute und preiswerte fränkische Küche dazu, die man natürlich in den Innenräumen auch im Winter bekommen kann. Höhepunkte sind das Annafest und die Bierkeller-Saisoneröffnung mit einem Festzug der Trachtenvereine vom Rathausplatz „nauf auf die Keller". Auch Führungen durch die Felsenkeller und einen Wanderweg zu allen Kellern gibt es. Bequemer geht es allerdings mit einer kleinen Bahn von Keller zu Keller: Der Kellerwald-Express fährt mit 15 Sitzplätzen vom Unteren Festplatz bis zum Schützenhaus; an den Wochenenden sogar gratis.

Annafest

Bereits im Jahr 805 erwähnt, zählt die 30.000-Einwohner-Stadt zu den ältesten Städten in Franken und hat einen der sehenswertesten Rathausplätze der Region: mit Fachwerkhäuser-Ensemble, spitzgiebeligem Rathaus samt Türmchen und dem Rathaus-Brunnen. Der Hauptbau des Fachwerk-Rathauses wurde 1402 errichtet. Daran angebaut ist das Magistratsgebäude von 1535, an dem einige neckische, derb-komische Darstellungen zu finden sind. So hält ein Mann einen runden Spiegel und lässt den Betrachter in diesen blicken. Darüber kehrt ein nackter Mann seinen Hintern dem Passanten zu. In der Zeit der Renaissance liebte man offensichtlich solche Darstellungen …

Marktplatz mit Rathaus

Zum Fachwerk-Ensemble gehört das Frechshaus aus dem frühen 15. Jahrhundert. Interessant sind die Auskragungen, die bei vielen alten Häusern zu finden sind, weil in früheren Zeiten Abgaben oft nach der Grundfläche eines Hauses berechnet wurden und man auf diese Weise in den oberen Stockwerken Platz gewinnen konnte, der aber nicht berechnet wurde. Diese Auskragungen sind auch am Spitalbau zu sehen, der sich mit der Spitalskirche im Wortsinn ein Dach teilt. Sie ragen weit über die Wiesent hinaus.

Das Fachwerkhaus Kammerersmühle steht zwar nicht am Rathausplatz , sondern in der Wiesentstraße, gehört aber zu den schönsten Fachwerkgebäuden der Stadt. Ein Blickfang, auch weil sich das 1698 erbaute Gebäude im Laufe der Jahre einseitig zur Wiesent hin abgesenkt hat und deshalb schiefes Haus genannt wird. Die Mühle ist seit 1910 nicht mehr in Betrieb.

Das fürstbischöfliche Schloss entstand im 14. Jahrhundert und wird in Forchheim die Kaiserpfalz genannt, die mit zwei Meter dicken Außenmauern robust gebaut wurde. Mit 35 mal 40 Metern ein fast quadratischer Komplex, der über Zugbrücken und Tore erreichbar ist. Westlich der Burg ist noch ein längerer Abschnitt der Verteidigungsmauer zu sehen, der allerdings durch den später angelegten Bau des Amtsgerichts unterbrochen wird. Südlich des Gerichts ist die St. Veits-Bastion über eine Treppe zugänglich. Von dort eröffnet sich ein herrlicher Blick über weite Teile der Stadt. Der knapp 20 Meter lange tonnengewölbte Gang führt in die Bastion. Das gläserne Tor in der Mauer bildet den Zugang in die Kasematte und zum Erlebnismuseum Rote Mauer, in dem Geschichte mit Inszenierungen, Hörspielen und Texttafeln lebhaft nachgestellt und der Alltag einer belagerten Stadt spielerisch erzählt wird: ein interessanter Blick ins 16. Jahrhundert. In der Kaiserpfalz sind neben dem Erlebnismuseum noch weitere Museen untergebracht, darunter auch das Stadtmuseum. Direkt daneben befindet sich das wahrscheinlich älteste Gebäude der Stadt: die Marienkapelle, die um 1120 von Otto I. errichtet wurde. Sie diente als Schlosskapelle der bischöflichen Burg, hat einen prunkvollen Innenraum und war einst mit dem Schlosskomplex durch einen Gang verbunden. Auch der höchste, der Fixpunkt der Stadt ist eine Kirche. St. Martin ist dem heiligen Martin von Tours geweiht. Der Bau hat seinen Ursprung im 12. Jahrhundert und eine schöne Innenraumgestaltung. Der Turm misst 57 Meter und ist aufgrund seiner Höhe aus allen Himmelsrichtungen gut sichtbar.

Kaiserpfalz

Erst 1710 entstand das fürstbischöfliche Salzmagazin, das der Handelsstadt bis Mitte des 19. Jahrhunderts als Salzspeicher

Nürnberger Tor

diente. Heute befinden sich Wohnungen darin. Prachtvoll zeigt sich das Nürnberger Tor, 1698 erbaut und neben dem Saltorturm das letzte verbliebene Tor des Verteidigungsrings der Stadt. Forchheim hatte seine Bedeutung in mittelalterlichen Zeiten nicht zuletzt wegen der gewaltigen Festungsanlagen, durch die es zu einem wichtigen militärischen Stützpunkt und zum Zufluchtsort der Bamberger Bischöfe in Kriegszeiten wurde. Etwas später, 1730 bis 1733, entstand nach Plänen von Balthasar Neumann, einem der bedeutendsten Baumeister des Barock und des Rokoko in Süddeutschland und Architekt des heutigen Weltkulturerbes Würzburger Residenz, das voluminöse Waisenhaus, in dem sich jetzt ein Jugendzentrum befindet.

Über der Wiesent

Die Hundsbrücke ist eine der zahlreichen kleineren und größeren Brücken, die in Forchheim den Übergang über die Wiesent ermöglichen, die mitten durch die Stadt fließt. Sie befindet sich innerhalb eines Bereiches der Altstadt, der von den Einheimischen auch Klein-Venedig genannt wird.

So niedlich Forchheim ist, so romantisch die Kopfstein gepflasterten Gassen sind: Man sollte nicht vergessen, dass Forchheim für die Mächtigen im Mittelalter ein wichtiger Platz war: Gleich drei Könige wurden dort gewählt.

Lage: Forchheim liegt zwischen Bamberg und Nürnberg.

Auskunft: Kapellenstraße 16, 91301 Forchheim, Tel. 09191 714338, *forchheim-erleben.de*

Aktivitäten: Bierkeller-Führung, *forchheim-erleben.de*

Event: *annafest.bayern*

Museen: *kaiserpfalz.forchheim.de*

Einkaufen: Pralinen von Piasten werden seit 1945 in Forchheim hergestellt. Bis zu 30 Prozent Rabatt im Werksverkauf, *piasten.de*

Restaurants:

- Glockenkeller: Bierkeller seit 1697, prima Schäuferla; Auf den Kellern 36, 91301 Forchheim, Tel. 01577 7728057, *glockenkeller-forchheim.de*
- Hebendanz Keller: neun Brotzeiten, neun warme Gerichte; Auf den Kellern 22, 91301 Forchheim, Tel. 0160 90251346, *hebendanz-keller.com*
- Zöllners Weinstube: gehobene Küche mit bretonischem Seeteufel oder Flusskrebsen; Sigritzau 1, 91301 Forchheim, Tel. 09191 13886, *zoellners-weinstube.de*

Unterkünfte:

- Am Kronengarten: von Reben umranktes Altstadthotel mit hübschen Zimmern; Bamberger Straße 6a, 91301 Forchheim, Tel. 09191 72500, *hotel-am-kronengarten.de*
- Schweizer Grom: einfache, aber nette Zimmer, Restaurant, Biergarten; Röthenstraße 5, 91301 Forchheim, Tel. 09191 3955, *hotel-schweizergrom.de*

10 Fränkische Schweiz

OBELIX IM DRUIDENHAIN

Wieso heißt die Fränkische Schweiz eigentlich Fränkische Schweiz? Bei Erhebungen von nur 500 bis 600 Metern. So groß ist auch der Walberla (siehe Foto), der bekannteste Berg der Region mit faszinierenden Felsformationen und Felsabbrüchen. Eine Geschichte über Romantiker und Obelix, über 200.000 Kirschbäume und 400 Schafe.

„... die mit der Piemont-Kirsche!“ Wer kennt den verführerischen Werbespruch nicht? Nur: Es gibt keine Piemont-Kirsche, denn dort wachsen Weintrauben und Nüsse, aber keine Kirschen. „... die mit der fränkischen Kirsche“ klänge zwar nicht so gut. Dafür schmecken die jährlich bis zu 8000 Tonnen Kirschen der mehr als 200.000 Bäume in der Fränkischen Schweiz wie es sein muss: saftig-süß und aromatisch, außen knackig, innen fleischig.

Kirschen sind ein Inbegriff für den Sommer. Und ein Sommer in der Fränkischen Schweiz ist, wenn roter Klatschmohn blüht, die Buchenwälder sich im Wind wiegen, Bienen summen und irgendwo jemand Holz sägt. Sogar ein Huhn ist wohl entlaufen und gackert frohgemut auf der Dorfstraße herum. Natürlich hat in diesen Fachwerkhaus-Dörfern jeder ein Auto und Internet, es gibt Supermärkte und landwirtschaftliche Maschinen, aber dennoch wirkt alles ein wenig wie früher, heimeliger, kuscheliger als anderswo. Und die Gäste, die in die Fränkische Schweiz fahren, suchen genau das. Die wollen keine Disco oder Chill-Out-Lounge. Die wollen wandern, radeln, klettern, Kirschen und Zwetschgen vom Baum klauen, Salbei und Minze riechen, an der Wiesent hocken, eine Burg besuchen – es gibt 35 in der Fränkischen Schweiz (siehe Tipp 11) – oder auf dem Walberla Hand in Hand träumen, wie schön

Kirschbäume

das Leben und die Liebe doch ist. Und vielleicht einem Bauern lauschen, der die Geschichte von einem jungen Mann erzählt, der die Mädchen unten im Dorf scharenweise unruhig gemacht hat: „Kein Rock war vor ihm sicher. Und so soll es eines Tages geschehen sein, dass in ein und derselben Nacht zwei Mädchen von ihm schwanger wurden. War das ein Aufruhr!"

Kapelle am Walberla

Auf dem Walberla, wie die Einheimischen ihren markanten Tafelberg nennen, haben sich alle möglichen Völker angesiedelt. Die Kelten machten als Erste aus dem Plateau eine Kultstätte. Archäologen buddeln noch heute nach Gräbern und Hinterlassenschaften. Der Walberla ist der bekannteste Berg der Region, obgleich gerade mal nur gut 500 Meter hoch. Der Name stammt von der auf dem Hochplateau angesiedelten Walburgiskapelle. Es gibt sehr schöne Felsformationen und Felsabbrüche, herrliche Blicke ins Wiesental und rund 400 Schafe, die jedes Jahr zwei Tonnen Wolle liefern. Sind die Lämmchen aber sechs Monate alt, werden sie geschlachtet. So ist das Leben ... und so war es immer. Den zarten Lammbraten im Gasthaus verschmäht man ja dann trotzdem nicht.

Schlachttag ist auch in Egloffstein. Die Fachwerkhäuser schmiegen sich an den Burgberg, wo so mancher Fels den Bewohnern im Wortsinn auf das Dach zu fallen droht. Strenger Fleisch- und Wurstgeruch liegt in der Luft. Irgendwo im Markt gibt es Kesselfleisch. Blutwürste werden abgedreht, Grieben gemacht. Fränkisches Bier fließt in Strömen. „Das gibt einen gesunden Schlaf", sagt der Metzger. Und ein Handwerksbursche auf der Walz bekommt selbstredend seine Brotzeit. Alltagstraditionen, die leben, unverkünstelt und nicht für Touristen gemacht, wie so mancher Heimatabend mit Tracht und Musik.

Egloffstein

Die Dichter der Romantik, wie Victor von Scheffel oder Ludwig Tieck, sind für den merkwürdigen Namen Fränkische Schweiz mitverantwortlich. Eine reine Replik von Mutter Erde kann es ja wohl nicht sein bei Höhen von gerade mal 500 bis 600 Metern, die ursprünglich Muggendorfer Gebürg hießen. Erst 1807 taucht der Begriff Fränkische Schweiz zum ersten Mal in einer Abhandlung des Geografen Johann Christian Fick auf. „Was du in der Schweiz vorfindest, findest du hier im verjüngten Maßstabe wieder", schrieb kurz darauf ein Epigone und die schwärmerischen Dichter trugen den Begriff hinaus in die Welt.

1992 bekam der damalige für die Fränkische Schweiz zuständige Landrat Otto Ammon Post von den Eidgenossen: Mit der Bitte für die Erstellung einer Skulptur vor dem Berner Bundeshaus, einen Stein zu stiften. 44 Steine aus Gebieten mit Schweiz im Regionsnamen kamen aus allen fünf Kontinenten zusammen. Eine Recherche der „Neue Zürcher Zeitung" ergab sogar weltweit 233-mal die Regionsbezeichnung Schweiz in einem Gebietsnamen, darunter 105-mal in Deutschland.

Druidenhain

Letztlich könnte man die Fränkische Schweiz, wo der Rote Main bei Hörlasreuth entspringt, auch Obelix-Land nennen. Aus den Buchenwäldern ragen Dolomitfelsen heraus, die wie Hinkelsteine aussehen und lauthals nach Obelix rufen, um auch mal herumgetragen zu werden. Im wie von Zauberhand geschaffenen Druidenhain bei Wohlmannsgesees könnte Miraculix seinen Zaubertrank mixen. In der unterirdischen Welt der Höhlen dürfte Troubadix ungeknebelt und lauthals singen, während die Dorfbewohner oben mit Wildschwein und Wein ausgelassen feiern. Asterix kommt dem Bild eines Franken zwar nicht in der Figur, aber doch in der Mentalität sehr nahe: Er ist einfallsreich, gutmütig und brutal, zumindest wenn es gegen die Römer geht. „Die Franken sind ja eigentlich auch total brutal“, bestätigt der fränkische Kabarettist Volker Heißmann. Mit dem kleinen Zusatz: „Sie sind brutal ehrlich ...“.

In Verbindung mit dem fränkischen Dialekt wirkt diese Ehrlichkeit manchmal ein wenig kindlich und verspielt, um nicht naiv zu sagen. Wenn aus dem Bach ein Bächla wird, Würste Wärscht heißen und der Krug Kriechla genannt wird, wenn die Paula überall Baula gerufen wird und der Thomas Dhomas, dann wirkt das alles sehr einfach, aber auch sehr – simbadisch, ums mal frängisch zu sogn. Bismarck muss bei seinem Besuch in der Fränkischen Schweiz falsch gelegen haben, als er meinte, dass man dort den Begriff gastfreundlich sehr eigenwillig auslege, im Sinne von der Gast habe freundlich zu sein. Vielleicht weil mit ihm kein Plausch möglich war? Denn „wo kommt a no her", lautet stets der erste Satz an den Gast, ehe der Fremde bedient wird ...

Info

Lage: Die Fränkische Schweiz erstreckt sich in etwa zwischen Bamberg, Nürnberg und Bayreuth.

Auskunft: Oberes Tor 1, 91320 Ebermannstadt, Tel. 09191 861054, *fraenkische-schweiz.com*

Aktivitäten: 4500 Kilometer markierte Wanderwege, Mountainbike-Schaukel

Event: *www.kirschenfest-pretzfeld.de*

Museum: *fraenkische-schweiz-museum.de*

Restaurants:

- Gasthof zur Post: fränkische Küche und Burger; Talstraße 8, 91349 Egloffstein, Tel. 09197 555, *gasthofzurpost-egloffstein.com*
- Zum Walberla: Dort gibt es die selten zu findenden Urrädla, das oberfränkische Kirchweih-Gebäck schlechthin, das ganze Jahr über, aber auch deftig Fränkisches; Straße zur Ehrenbürg 21, 91356 Kirchehrenbach, Tel. 09191 94765, *zum-walberla.de*

Unterkünfte:

- Schlehenmühle: einfache Pension in einer ehemaligen Mühle, Fossilienklopfplatz, Ausrüstung kann ausgeliehen werden; Schlehenmühle 1, 91349 Egloffstein, Tel. 09197 291, *schlehenmuehle.de*
- Resengörg: Fachwerkhaus mit Old-School-Zimmern, Restaurant, Hauptstraße 36, 91320 Ebermannstadt, Tel. 09194 73930, *resengoerg.de*

11 Burgen in der Fränkischen Schweiz

BLICK IN HIMMEL UND HÖLLE

Burgen, Schlösser und Ruinen, Höhlen, Felsen und Flusstäler: Die Fränkische Schweiz gehört zu den schönsten Landschaften in Oberfranken. „Von einem Paradies durch das andere“, dichtete Jean Paul über die Region, in der Klein-Neuschwanstein liegt und Richard Wagner für seinen „Parsifal“ fündig wurde.

In der Fränkischen Schweiz scheint es wie in der viel beschworenen guten alten Zeit zu sein. Aber vielleicht hat es diese gute alte Zeit gar nicht gegeben? Weil früher alles ärmer, kälter, reglementierter und die Arbeit im Stall und Hof viel härter war, als man heute denken mag? Auf Burg Gößweinstein (Foto links) aus dem 11. Jahrhundert blickt man tief ins gruslige Verlies, während die barocke Wallfahrtskirche von Balthasar Neumann den Blick in den Himmel gewährt. So nahe liegen Himmel und Hölle zusammen: Die weiße Burg liegt in Sichtweite der ockerfarbenen Kirche und vom Wichsenstein, eine Felsnadel, die über eine Treppe bestiegen werden kann, sieht man Himmel, Hölle und weite Teile der Fränkischen Schweiz gleichzeitig.

Burg Gößweinstein ist eine von rund 200 Burgen in der Fränkischen Schweiz und sie soll für Richard Wagner das Vorbild für die Gralsburg in seiner Oper „Parsifal" gewesen sein. Während Schloss Greifenstein, über Heiligenstadt erbaut, Klein-Neuschwanstein genannt wird, weil Besitzer Franz Schenk von Stauffenberg ein Freund des bayerischen Märchenkönigs Ludwig II. war. Aber auch auf Schloss Plankenfels oder Schloss Unteraufseß mit dem wuchtigem Rabenturm findet man lupenreine Mittelalter-Szenerien vor. Auf Unteraufseß wohnte im 19. Jahrhundert Hans Freiherr von und zu Aufseß, der Gründer des Germanischen Nationalmuseums, während man auf Plankenfels heute selbst wie ein Burgherr im Schloss logieren kann. Noch feudaler geht das auch auf Burg Rabenstein. Betzenstein lässt dagegen tief blicken: Mit 850 Einwohnern hat die kleinste Stadt der Fränkischen Schweiz und eine der kleinsten in Bayern vier Burgen und einen 92 Meter

Schloss Greifenstein

tiefen Brunnen, der bis 1902 als alleinige Trinkwasserversorgung für Betzenstein in Betrieb war. Zur in privatem Besitz befindlichen Burg Betzenstein gesellen sich noch die drei zugänglichen Burgruinen Riegelstein, Stierberg und Spies. In Wiesenttal sind die Burgruine Neideck und die Burg Streitberg zwar die attraktivsten Bauwerke von Menschenhand. Doch der Felsbogen der Riesenburg, ein Rest einer großen Karsthöhle, zeigt sich bei eindringendem Tageslicht noch fotogener.

Burg Rabenstein

Mit einer Fläche von mehr als 2300 Quadratkilometern gehört der Naturpark Fränkische Schweiz zu einem der größten Naturparks in Deutschland, in dem übrigens rund 40 Orchideen-Arten gedeihen. Schroffe Felswände, beeindruckende Höhlen und die beiden Flüsse Wiesent und Aufseß mit romantischen Tälern, aber auch Wacholderheiden und blühende Obstgärte, von deren Früchte so mancher feine Brand destilliert wird, machen die Umgebung von Wiesenttal zu einem der landschaftlich attraktivsten Gebiete der Fränkischen Schweiz. Vielleicht meinte Jean Paul ja genau diese Gegend, als er bewundernd schrieb: „Von einem Paradies durch das andere". Aber die Fränkische Schweiz bietet nicht nur eine wunderschöne Landschaft, Burgen und Schlösser, sondern auch Ortschaften mit verwinkelten Gassen, Fachwerkhäusern oder auch kulturellen Angeboten wie Hollfeld mit Ateliers und Werkstätten Hollfelder Künstler, dem Fränkischen Theatersommer und einem Kino mit dem Flair der 1950er-Jahre. Das Deutsche Kameramuseum in Plech gehört zu den bedeutendsten Foto-Museen Europas. 30.000 Exponate, darunter 9000 Fotoapparate von der Spionagekamera bis zur 4,40 Meter langen Riesenkamera, sind zu besichtigen. In Königsfeld führt dagegen der Kapellenweg zu 18 Kirchen und Kapellen, ehe man vielleicht noch das Paradiestal durchwandern möchte, während in Ebermannstadt, wo die touristischen Fäden der Fränkischen Schweiz zusammenlaufen, das alte Wasserschöpfrad an der Wiesent sowie eine Fahrt mit der historischen Dampflok nach Behringersmühle wieder das Gefühl von der viel beschworenen guten alten Zeit aufkommen lässt.

Historische Dampflok

Info

Lage: Die Fränkische Schweiz erstreckt sich in etwa zwischen Bamberg, Nürnberg und Bayreuth.

Auskunft: Oberes Tor 1, 91320 Ebermannstadt, Tel. 09191 861054, *fraenkische-schweiz.com*

Aktivitäten: Dampflokfahrt, *dampfbahn.net*

Event: *theatersommer.de*

Museen: *burg-goessweinstein.de, kameramuseum.net*

Restaurants:

- Schwanenbräu: selbst gebraute Biere und Schnäpse, fränkische Küche, Biergarten, Zimmer; Am Marktplatz 2, 91320 Ebermannstadt, Tel. 09194 209, *schwanenbraeu.de*
- Gasthof zur Wolfsschlucht: mittwochs fränkische Schlachtschüssel, Zimmer; Wiesentweg 2, 91346 Wiesenttal, Tel. 09196 324, *gasthof-zur-wolfsschlucht.de*

Unterkünfte:

- Hotel Feiler: Komfortzimmer im Fachwerkbau, Halbpension lohnt sich; Oberer Markt 4, 91346 Wiesenttal, Tel. 0163 8636101, *hotel-feiler.de*
- Burg Rabenstein: Zimmer in historischem Ambiente, Restaurant; Rabenstein 33, 95491 Ahorntal, Tel. 09202 9700440, *burg-rabenstein.de*
- Schloss Plankenfels: gut ausgestattete Ferienwohnung; Schlossanger 2, 95515 Plankenfels, Tel. 0162 2959202, *schloss-plankenfels.de*

12 Kletterparadies Fränkische Schweiz

DIE MIT DER SUPERNASE

Willkommen im bekanntesten Klettergebiet Deutschlands! Ob blutige Anfänger oder Kletterprofis aus ganz Europa: 12.000 Routen an 800 Felsen, Steilhänge und verschiedene Schwierigkeitsgrade wissen die Kletterer zwischen Mai und September zu schätzen. Und es gibt sogar die kleinen Drei Zinnen.

Stille Wälder verströmen den Hauch des Romantischen. Und niedliche Dörfchen strahlen diese unwiderstehliche Stubengemütlichkeit aus. Für passionierte Kletterer ist das allerdings nur Beiwerk. Sie suchen kantige Felsen, wollen ihre Kraft einsetzen, Beständigkeit und Geschick demonstrieren. Die Fränkische Schweiz gilt als das felsen- und höhlenreichste Gebiet in ganz Deutschland, wenn man von den Alpen absieht. Das Klettergebiet umfasst rund 12.000 Routen an 800 Massiven, ist das beste in Deutschland und gehört zu einem der am besten erschlossenen und anspruchsvollsten Klettergebiete weltweit. Namen wie der Rodenstein, das Aufseß-, Leinleiter-, Püttlach-, Trubach- oder Wiesenttal ziehen Kletterer aus ganz Europa an. Der Überhang Supernase am Gernerfels in Gößweinstein, an den sich nur die Kletterprofis wagen, lohnt sogar einen Ausflug für Zuschauer, um die Kletter-Cracks am Überhang zu sehen. Aber die kleine Schweiz mit der Supernase hat auch noch die Drei Zinnen im Großenoher Tal mit mehreren Kletterrouten: drei markante Felsen, die steil in den Himmel ragen. Freilich in einer anderen Dimension als in den Dolomiten: Die große fränkische Zinne ist gerade mal zehn Meter hoch ...

Klettern will freilich gelernt sein und man kann es in der Fränkischen Schweiz auch bestens lernen. Von Routen des dritten Grades, wenn es senkrecht nach oben geht, ist man bei seiner ersten Kletterstunde nicht einmal so weit entfernt. Je nach Wetterbedingungen beginnt man an einer Kletterwand innen oder gleich draußen in der freien Natur. Denn nach dem Erlernen von Anseilknoten und Abseilen geht es schon ran an die senkrecht in die Höhe reichenden Kletterfelsen. Grundkenntnisse in der Sicherungstechnik für sich und den Partner, die Abläufe beim Klettern in einer Seilschaft, Kommandos und Gepflogenheiten gehören zum Basiswissen, das erlernt wird und auf das alle weiterführenden Kurse aufbauen. Vorkenntnisse werden nicht vorausgesetzt, doch wer sportlich ist und Kondition hat, besitzt Vorteile. In der Fränkischen Schweiz reicht das Angebot vom Schnupperkurs für absolute Anfänger über Grund- und Auf-

Kletterparadiese

baukurse bis zum individuellen Spezialtraining für Fortgeschrittene. Schnupper- und Grundkurse werden meist in einer kleinen Gruppe von vier bis sechs Personen angeboten und dauern in der Regel zwei Tage. Die Ausbilder sind staatlich geprüfte Berg- und Skiführer, die sich vor Ort bestens auskennen. Und sie sorgen auch dafür, dass am Ende des Kurses schon mindestens ein Eintrag im Gipfelbuch steht. Beinahe jeder, der es einmal gemacht hat und nicht an Höhenangst leidet sagt: Es macht unheimlich viel Spaß, man trainiert Muskeln, Ausdauer, Geschicklichkeit und kombiniert alles mit herrlichen Eindrücken in der Natur.

Alles über das Thema Klettern erfährt man im Kletter-Infozentrum Obertrubach: ob zu einzelnen Felsen und Routen vor Ort oder zu namhaften Klettersportgrößen und zur Geschichte des Kletterns. Der Mensch hat schließlich schon seit jeher Felsen erklommen, etwa um einen religiösen oder kultischen Ort zu schaffen oder ganz praktisch, um nach Tieren oder Feinden Ausschau zu halten. Erste Sportkletterer gab es bereits Mitte des 19. Jahrhunderts und in Deutschland sind mittlerweile mehr als 500.000 Kletterer aktiv.

Einige Erfahrene unter ihnen sieht man schon am Blechstein, direkt am Kletterzentrum. An der Kletterburg, Boulderwand, Seilpyramide und am Balancierlauf von Obertrubach kann man aber auch selbst die ersten senkrechten Schritte machen. Der Jura-Garten zeigt die schützenswerte Flora der Fränkischen Schweiz. Es gibt eine Kneipp-Anlage mit Bachzugang und schließlich hat man im Kletterzentrum auch die Gelegenheit, sich mit Freunden und Gleichgesinnten auszutauschen.

Lage: Die Fränkische Schweiz erstreckt sich in etwa zwischen Bamberg, Nürnberg und Bayreuth.

Auskunft: Kletter-Infozentrum, 91286 Obertrubach, Tel. 09245 9880, *kletterinfozentrum.de*

Aktivitäten: Klettern, Kletterkurse, *bergsportschule.com*

Restaurant:

- Gasthof Drei Linden: Meerrettich-Schnitzel, einfache Zimmer; Bärnfels-Dorfstraße 38, 91286 Obertrubach, Tel. 09245 9188, *drei-linden.com*

Unterkünfte:

- Alte Post: schöne, geräumige Zimmer, Restaurant; Trubachtalstraße 1, 91286 Obertrubach, Tel. 09245 322, *postritter.de*
- Hotel Krone: Traditionshaus mit Nostalgiezimmern, ein 70-Quadratmeter-Apartment, Restaurant mit Terrasse, fußläufig zur Supernase; Balthasar-Neumann-Straße 9, 91327 Gößweinstein, Tel. 09242 207, *krone-goessweinstein.de*

Bamberg
Altstadt mit Dom

Bamberg

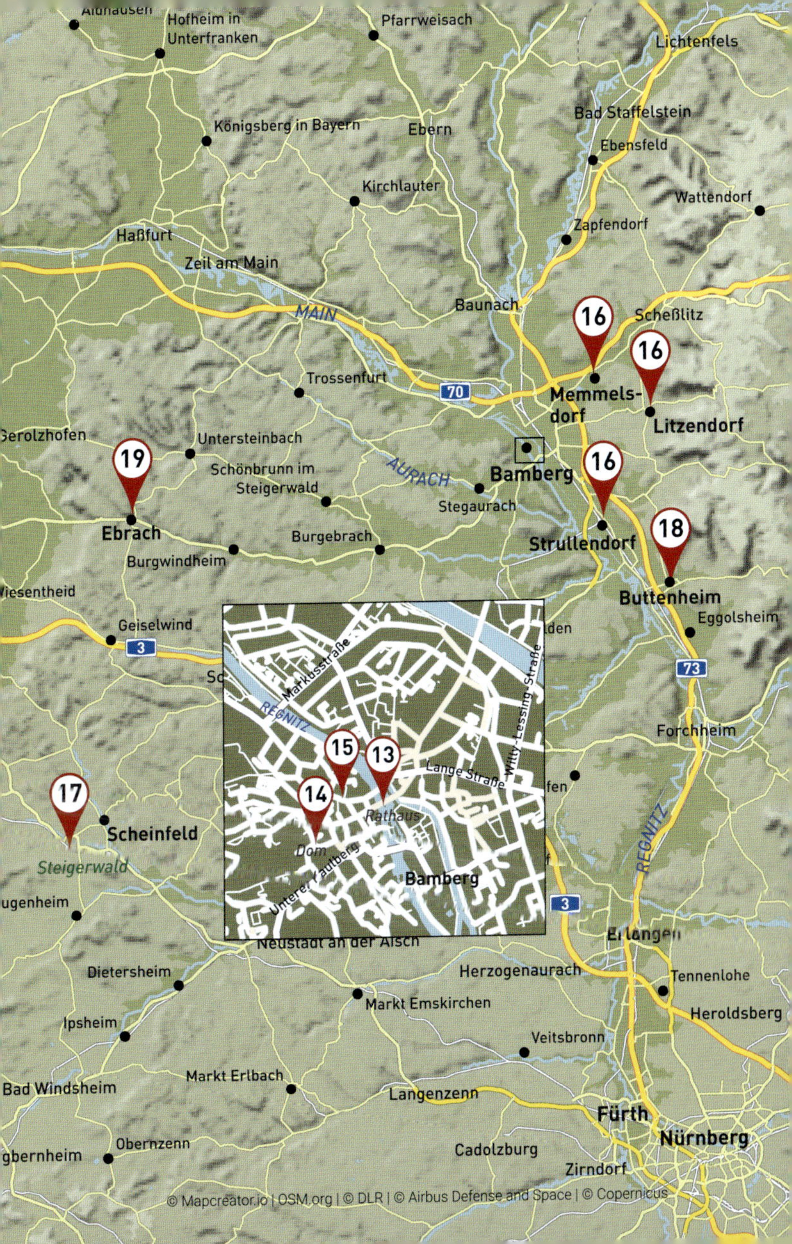
Hofheim in Unterfranken
Pfarrweisach
Lichtenfels
Königsberg in Bayern
Ebern
Bad Staffelstein
Ebensfeld
Kirchlauter
Wattendorf
Haßfurt
Zapfendorf
Zeil am Main
MAIN
Baunach
16
Scheßlitz
16
Trossenfurt
70
Memmels-dorf
Litzendorf
Untersteinbach
19
16
Schönbrunn im Steigerwald
AURACH
Bamberg
Stegaurach
Ebrach
Burgebrach
Strullendorf
18
Burgwindheim
Buttenheim
Eggolsheim
Geiselwind
3
73
Markusstraße
Willy-Lessing-Straße
REGNITZ
15
13
Lange Straße
14
Rathaus
Dom
Unterer Kaulberg
Bamberg
Forchheim
17
Scheinfeld
Steigerwald
REGNITZ
3
Neustadt an der Aisch
Dietersheim
Herzogenaurach
Tennenlohe
Markt Emskirchen
Heroldsberg
Ipsheim
Veitsbronn
Markt Erlbach
Bad Windsheim
Langenzenn
Fürth
Nürnberg
Obernzenn
Cadolzburg
Zirndorf
© Mapcreator.io | OSM.org | © DLR | © Airbus Defense and Space | © Copernicus

13 Bamberg

WIE DAS GROSSE ROM …

… ist das kleine Bamberg auf sieben Hügeln erbaut. Nur hat Rom kein über dem Wasser schwebendes Rathaus (Foto) und keine Fachwerkhäuser. Im Gassengewirr darf man sich verlaufen, denn die von Kriegen weitgehend verschonte Altstadt weist nicht nur eine tausendjährige Geschichte auf, sondern verspricht an beinahe jeder Ecke eine Überraschung.

„Der Eulenspiegel war da. Der Faust war da. Der Dürer war da. Der Goethe war da. Der Hegel war da. Der Hoffmann war da. Aber geblieben ist keiner," sagt Gerhard Krischker, der Mundartpoet aus Bamberg, über seine Geburtsstadt. Dort, wo heute noch das Gestern wohnt, wo die Alteingesessenen statt „Guten Tag" ein nettes „Gloria" sagen und alle 70.000 Einwohner im Charme einer Puppenstube leben, aus der feiner Bratwurstduft emporsteigt und elf Brauereien für das passende Getränk sorgen. Da Bamberg auch den Zweiten Weltkrieg fast ohne Schaden überstanden hat, präsentiert sich die Stadt wie vor Hunderten von Jahren. Deshalb hat die UNESCO Bambergs Altstadt zum Weltkulturerbe gemacht. Im Welterbe-Besuchszentrum kann man sich näher über den universellen Wert Bambergs informieren und eine Dauerausstellung stellt die drei Siedlungszentren – Berg-, Insel- und Gärtnerstadt – vor, die bei der Stadtgründung im Mittelalter miteinander verbunden wurden.

Das Brückenrathaus von 1688 scheint wirklich über der Regnitz zu schweben. Dabei ist der wunderbare Fachwerkbau nur an das große, mehr als 200 Jahre ältere Rathaus angebaut – allerdings ohne Fundament im Fluss. Doch warum steht der Bau mitten in der Regnitz? Der simple Grund: Die Bürger wollten ein Rathaus bauen, bekamen dafür aber kein Grundstück ... Heute ist es Bambergs schönster Profanbau. Auch Klein-Venedig ist ein Blickfang, der Häuserzug entlang der Regnitz, der auf Pflöcken errichtet wurde. Die ehemalige Fischersiedlung hat verspielte Fachwerkhäuschen und Vorgärtchen direkt am Fluss. Und natürlich gibt es den Dom (siehe Tipp 14).

Rathausfassade

Zwischen den Hügeln und Kirchen verläuft ein Gassenlabyrinth, in dem ein neugieriger Blick auf den anderen folgt: mal zu einem

Altstadt und Dom

Haus aus dem Mittelalter, mal zu einem Gebäude aus der Barockzeit. Und irgendwie scheint hinter jeder Fassade auch eine Geschichte zu lauern. Dort gab Schriftsteller E. T. A. Hoffmann Musikunterricht – schließlich konnte er von seiner Dichtkunst nicht leben. Hinter der nächsten Tür, einer Klosterfassade der Benediktiner, wurde schon vor 900 Jahren Bier gebraut. Bischof Otto I. gab das Braurecht der Stadt und die Bamberger dankten ihm dafür, indem sie ihn als Heiligen verehren. Verlaufen? Macht nichts! Ist sogar gut so! In Deutschlands größter erhaltenen Altstadt findet man den mittelalterlichen Charme auch und gerade abseits der ausgetretenen Pfade. Nicht dem Mainstream folgen – besser einfach mittendrin sein: Irgendwo im Häusergewimmel oder in Bambergs Gasthöfen, wo gerne erzählt, gelacht und nachgedacht wird. Schreiberlinge und Schachspieler, Musiker und Tagträumer verbringen dort den Tag: „Vor lauter Pfarrer, Mönchen, Nonnen und CSU-Anhänger wird mir ganz schwarz vor Augen", sagt einer, worauf der Tagträumer mit Herder kontert: „... die Leute, nicht übertrieben im Fleiß, verstehen, von eigener Muße zu leben". Das ist heute noch so im klerikal-konservativen Bamberg. Da fließt der Schlendrian mit katholischer Behäbigkeit zusammen. Die protestantischen Bayreuther sind da schon mehr auf zack, eher sogar auf zack-zack. Bamberg hat ganzjährig Saison. Bamberg ist Bischofssitz. Bamberg ist Weltkulturerbe. Aber keine Hauptstadt, nicht einmal für Oberfranken. Das ist Bayreuth (siehe Tipp 1). Und das wurmt die Bamberger schon sehr …

Die Konkurrenzsituation der beiden Städte spiegelt sich auch im Basketball wieder. Sowohl in Bamberg als auch in Bayreuth gibt es Bundesliga-Basketball, wobei Brose Bamberg in der Beletage ganz oben mitspielt und zusammen mit Bayern München und Alba Berlin zu den besten deutschen Mannschaften gehört. Dadurch qualifizieren sie sich regelmäßig für die europäische Champions League, während Medi Bayreuth im Bundesliga-Mittelfeld und weit weg von europäischem Spitzenbasketball deutlich kleinere Brötchen backen muss.

Böttingerhaus

Wer Bamberg sagt, meint meistens den Dom oder das schwebende Rathaus. Doch es gibt so viel mehr. Auch die mächtige Obere Pfarrkirche von 1323, das bedeutendste gotische Bauwerk der Stadt, ist einen Besuch wert. Das Böttingerhaus ums Eck gehört zu den schönsten bürgerlichen Barockwerken, das Schloss Concordia am Regnitz-Ufer zu den verspieltesten Gebäuden Bambergs. Im Karmelitenkloster aus dem 12. Jahrhundert wirken seit 1589 die Karmeliten. Wer auf den Turm von Schloss Geyerswörth, das ehemalige bischöfliche Stadtschloss aus dem 16. Jahrhundert, steigt, hat einen prächtigen Blick über die Altstadt, den Dom und das schwarze Dach des Alten Rathauses sowie Kirchen überall.

Das gilt auch für die Altenburg, die den höchsten der sieben Bamberger Hügel einnimmt und heute Bambergs höchstgelegenen Biergarten beheimatet: 1109 erstmals erwähnt und als Flieh- und Trutzburg genutzt. Im 14. und 15. Jahrhundert war sie Wohnsitz der Bamberger Bischöfe, wurde dann jedoch 1553 im Markgrafenkrieg fast vollständig zerstört. Vom mittelalterlichen Baubestand sind lediglich der 33 Meter hohe Bergfried aus dem 13. Jahrhundert und Teile der Ringmauer erhalten. Im Zeitalter der Romantik wurde die Altenburg wieder aufgebaut. E. T. A. Hoffmann zog sich 1812 in einen der Mauertürme zurück.

Vier Jahre zuvor kam er nach Bamberg, um als Musikdirektor am Theater zu arbeiten: Der große Dichter E. T. A. Hoffmann, dessen nur zwei Fenster breites Wohnhaus zu besichtigen ist. Auf dem E. T. A.-Hoffmann-Weg kommt man der Persönlichkeit noch näher: Wer weiß schon, in welchem Haus er die fünf Töchter der

Die Altenburg

Reichsgräfin Dorette von Rothenhan in Gesang unterrichtete? Wo er sich in seine Gesangsschülerin Julia Mark verliebte? Und wo das Kellergewölbe war, in dem er so manches Glas mit seinem Freund und Verleger, dem Weinhändler Friedrich Kunz, leerte?

Info

Lage: Bamberg liegt etwa 60 Kilometer nördlich von Nürnberg.

Auskunft: Geyerswörthstraße 5, 96047 Bamberg, Tel. 0951 2976200, *bamberg.info*

Aktivitäten: E. T. A.-Hoffmann-Weg, *bamberg.info/veranstaltungen/eta-hoffmann-weg-31994-3141838; brosebaskets.de*

Event: Kirchweihfest im August mit Fischerstechen, *sandkerwa.de*

Museen: Welterbe-Besuchszentrum, *bamberg.info, brauereimuseum.de*

Einkaufen: ungewöhnliche Souvenirs, *mohrenhaus-shop.de*

Restaurants:

- Bergschlösschen: Von der Terrasse genießt man Domblick und Sonntags-Brunch. Moderne Zimmer; Am Bundleshof 2, 96049 Bamberg Tel. 0951 51912555, *dasbergschloesschen.de*
- Altenburg: Brotzeiten und Sonntagsbraten in Bambergs höchstem Biergarten; Altenburg 1, 96049 Bamberg, Tel. 0951 56828, *restaurant-altenburg.de*

Unterkünfte:

- Nepomuk: Wie ein Schiff liegt das 4-Sterne-Hotel in der Regnitz. Charmante Zimmer, Restaurant Eckerts im Haus; Obere Mühlbrücke 9, 96049 Bamberg, Tel. 0951 98420, *hotel-nepomuk.de*
- Residenzschloss: Barock und Moderne prägen das Ambiente des 1787 erbauten 4-Sterne-Hotels an der Regnitz; Untere Sandstraße 32, 96049 Bamberg, Tel. 0951 60910, *welcome-hotels.com*

14 Der Dom zu Bamberg

UNBEKANNTER REITER

Die vier mächtigen Domtürme dominieren Bamberg. Der erste Dombau wurde 1012 geweiht (im Foto das Adamsportal). Über den Bamberger Reiter gibt es nur Vermutungen. Das Kaisergrab von Heinrich II., geschaffen von Tilman Riemenschneider, und das einzige Papstgrab nördlich der Alpen sowie der Altar von Veit Stoß sind die Höhepunkte.

„Gorgeous!" „Marvellous!" „Breathtaking!" – Spätestens jetzt muss man, zusammen mit zahlreichen Amerikanern, vor dem Kaiserdom in Bamberg stehen. Und der voluminöse Bau schüchtert trotz großem und Raum gebenden Vorplatz durchaus ein. Die vier mehr als 75 Meter hohen Türme strahlen Selbstbewusstsein und Macht aus, als habe sich seit dem Mittelalter nichts verändert. Nach einem verheerenden Brand wurde der Dom in einer Zeit des Übergangs von Romanik – der Ostbau –, zur Gotik – der Westbau – im frühen 13. Jahrhundert erneut gebaut. Deshalb ist er in seiner Architektur stilistisch kein einheitliches Bauwerk. Es gab ja zunächst auch nur die zwei Türme der Ostfassade. Erst in der Gotik kam die Erweiterung und ein zweites Turmpaar im Westen entstand.

Doch es ist nicht nur die äußerliche Fassade, sondern vor allem auch das Innere, das den Dom so bedeutend macht. Da ist das Kaisergrab des heiliggesprochenen Kaiserpaars Heinrich II. und Kunigunde. Auf der Deckplatte des Grabes ist das Ehepaar zu sehen. Das marmorne Hochgrab wurde bis 1513 in der Werkstatt des Bildhauers Tilman Riemenschneider geschaffen. Im einzigen Papstgrab in Deutschland liegt Clemens II. bestattet. Er wurde 1040 Bischof von Bamberg und nur sechs Jahre später Papst in Rom. Sein Leichnam wurde auf eigene Verfügung hin zurück nach Bamberg gebracht und im Dom beigesetzt. Der Marienaltar von Veit Stoß zählt zu den herausragenden, aber nicht zu den ursprünglichen Arbeiten im Dom. Er wurde 1523 zunächst für die Nürnberger Karmelitenkirche geschaffen, gelangte im Zuge der Reformation nach Bamberg in die Pfarrkirche Unsere liebe Frau und ist erst seit 1937 im Dom.

Der Dom

Bamberger Reiter

Bleibt für viele der absolute Höhepunkt: der Bamberger Reiter, eigentlich recht unscheinbar, jedoch kunsthistorisch von großem Wert. Er ist die älteste erhaltene, lebensechte, aus Stein gefertigte, mittelalterliche Reiterplastik. Und sicher ist auch: Der Bamberger Reiter ist das erste lebensgroße Reiterstandbild seit der Antike. Sie wurde um 1230 aus acht Sandsteinblöcken gefügt und bildet einen unbekannten Herrscher ab. Allerdings gibt es Mutmaßungen über die Identität: Der Reiter könnte König Philipp von Schwaben sein, der 1208 unbewaffnet ermordet wurde. Er wurde im Bamberger Dom beigesetzt, später aber in den Speyerer Dom umgebettet. Um ein sichtbares Gedenken an Philipp im Dom zu haben, könnte der waffenlosen Reiter geschaffen worden sein. Andere sehen den Reiter als König Stephan I. von Ungarn, der in den Dom geritten sei, um zum christlichen Glauben zu konvertieren, um dann die Schwester Heinrichs II., Gisela, zu heiraten.

Sechs hochkarätige Museen gehören zum Domberg-Areal. Darunter das Diözesan- und das Domberg-Museum, die alle kirchengeschichtlichen Themen aufgreifen. Eine umfangreiche Sammlung zur Kultur und Geschichte Bambergs beheimatet das Historische Museum. Es gibt die Staatsbibliothek und die Neue Residenz, in der die Staatsgalerie untergebracht ist, mit Kaisersaal, 16 überlebensgroßen Kaiserbildnissen und Trompe-l'Œil an der Decke. Außerdem gehört zum Areal die Alte Hofhaltung, die ehemaligen Wohn- und Wirtschaftsgebäude am Domplatz.

Neue Residenz

Am Michaelsberg, nördlich vom Domberg, liegt das ehemalige

Benediktinerkloster St. Michael mit weiteren Grabmälern Bamberger Bischöfe. Einen Hügel südlich des Dombergs wartet St. Stephan mit Krippenfiguren aus Stein auf Besucher. Die Kirche ist von Anfang Dezember bis Heilige Drei Könige Teil des Krippenwegs in Bamberg, eine der besten Adressen für Krippenwege in Deutschland.

Nicht vergessen sollte man aber auch: In Bamberg wurden zwischen 1612 und 1631 mehr als tausend Menschen Opfer des Hexenwahns. Kaum irgendwo anders wütete die Hexenverfolgung so grausam wie in der fränkischen Bischofsstadt …

Info

Lage: Bamberg liegt etwa 60 Kilometer nördlich von Nürnberg.

Auskunft: Domplatz 2, Tel. 0951 5022512, *bamberger-dom.de*

Event: Krippenweg, Anfang Dezember bis 6. Januar

Museen: *domberg-bamberg.de/museen*

Einkaufen: Antiquitätengeschäfte unterhalb des Domberges

Restaurants:

- Domterrassen: griechische Küche, viel vom Grill; Unterer Kaulberg 36, 96049 Bamberg, Tel. 0951 27484, *domterrassen-bamberg.de*
- Bolero: spanisches Lokal, hübsche Innendeko, gute Tapas; Judenstraße 7, 96049 Bamberg, Tel. 0951 5090290, *bolero-bamberg.de*

Unterkünfte:

- Hotel am Dom: helle, moderne Zimmer; Katzenberg 5, 96049 Bamberg, Tel. 0951 51932608, *hotel-am-dom.com*
- Hotel Wohnbar: außen Jugendstil, innen cool und modern; Stangsstraße 3, 96049 Bamberg, Tel. 0951 50998844, *wohnbar-bamberg.de*

15 Bamberger Rauchbier

IM SCHLENKERLA

„Gloria“, sagt der Bamberger freundlich, spricht aber damit weder eine Frau an noch meint er eine Heilige. Gloria ist für Alteingesessene so selbstverständlich wie das Amen in der Kirche: Echte Bamberger grüßen nicht mit einem „guten Tag“ oder bayerischem „Grüß Gott“, sondern mit einem herzlichen „Gloria“. Und so einzigartig wie dieser Gruß ist auch das Bamberger Rauchbier.

Im 16. Jahrhundert in Bamberg geboren und bis heute ein Genuss: Rauchbiere aus der Domstadt. Es gibt sie nur dort und vereinzelt im Bamberger Land. Der Geschmack – herb, rauchig, ein wenig kratzig – ist zunächst gewöhnungsbedürftig, dann aber schmeckt es prächtig!

Rauchbiere entstehen durch die Verwendung von Rauchmalz, was früher produktionsbedingt üblich war. Nach der Einführung von rauchfreiem Malz stellten aber fast alle Brauereien auf nicht-rauchige Biere um – außer in Bamberg, wo heute noch zwei Brauereien, „Spezial“ und „Schlenkerla“, eigene Mälzereien haben und ihr Rauchmalz noch selbst herstellen. Deswegen heißt es auch Bamberger Rauchbier. Es schmeckt herb, natürlich rauchig und ein wenig kratzig – aber gut!

Im Traditionswirtshaus „Schlenkerla“, urkundlich erstmals 1405 erwähnt, wird zu Deftigem wie Kesselfleisch und Bratwürsten Rauchbier aus dem Eichenholzfass serviert.

Schlenkerla Rauchbier

Auch die Brauerei „Spezial" versorgt ihre Kundschaft seit 485 Jahren – passend zum Rauchbier – mit bodenständiger, fränkischer Hausmannskost und am Sonntag zum Mittagstisch mit traditioneller Bratenküche.

Eine weitere Eigenheit aus Bamberg sind die Felsenkeller. Zur Kühlung des frisch angesetzten Bieres betrieben die Bamberger Brauereien Kelleranlagen auf dem Oberen Stephansberg. Die Keller wurden zusätzlich mit Eisblöcken gekühlt und die Gärten über der Kelleranlage als Biergarten genutzt. Auch wenn die Felsenkeller durch die Entwicklung von Kühlmaschinen nicht mehr betrieben werden, sind sie bis heute beliebte Sommerwirtschaften. Am Michelsberg zeigt das Fränkische Brauereimuseum den kompletten Werdegang des Bieres vom Halm zum Krug.

Info

Lage: Bamberg liegt etwa 60 Kilometer nördlich von Nürnberg.

Auskunft: Geyerswörthstraße 5, 96047 Bamberg, Tel. 0951 2976200, *bamberg.info*

Aktivitäten: Fahrrad-Brauerei-Bierkellertour, *bamberg.info/wege/brauereien-_und_bierkellertour-1170*

Event: Tag des Bieres, 23. April

Museum: *brauereimuseum.de*

Restaurant:

- Schlenkerla: Dominikanerstraße 6, 96049 Bamberg, Tel. 0951 56060, *schlenkerla.de*

Unterkunft:

- Spezial: Wirtshaus und schöne Zimmer; Obere Königstraße 10, 96052 Bamberg, Tel. 0951 24304, *brauerei-spezial.de*

16 Bamberger Land

FRÄNKISCHE TOSKANA

Litzendorf, Memmelsdorf, Strullendorf ... Das klingt nicht unbedingt nach Toskana und Must go. Aber die sanft gewellte Landschaft zwischen Steigerwald und Fränkischer Schweiz hat durchaus ihre Vorzüge.

Der Gipfel der Fränkischen Toskana ist 585 Meter hoch und heißt Geisberg. Das Highlight aber ist das viertürmige Schloss Seehof in Memmelsdorf: eine wunderschöne Sommerresidenz aus dem 17. Jahrhundert. Die Bamberger Fürstbischöfe erfreuten sich an den Wasserspielen, dem Rokokogarten mit der 2,60 Meter hohen Herkules-Statue, dem Weißen Saal mit einem virtuosen Deckengemälde und ihren edlen Gemächern. Neun der Prunkzimmer können besucht werden. Schloss Seehof liegt an der Burgenstraße, die zu den traditionsreichsten Ferienstraßen in Deutschland zählt. Von Mannheim nach Bayreuth kommt man an mehr als 70 Burgen und Schlössern vorbei.

Litzendorf und Strullendorf oder auch Geisfeld sind weniger spektakulär, aber man trifft auf Fachwerkhäuser aus dem 18. Jahrhundert und eine herrlich einfache oberfränkische Atmosphäre. Ein bisschen wandern, einkehren und sich vielleicht auch an den günstigen Preisen erfreuen. Eine Besonderheit

Schloss Seehof

hat die Umgebung der beiden Gemeinden trotzdem: Man kann vier Kunst- und Skulpturenwege mit zeitgenössischer Kunst entdecken. So wurde im schönen Ellertal 1994 die Fränkische Straße der Skulpturen angelegt. Außerdem kann man entlang der Kunstwege „Figur im Focus", „Flurdenkmäler" sowie „Kunst und Besinnung" entlang spazieren. Im Kulturschloss Wernsdorf erlebt man zudem im historischen Konzertsaal die Klangvielfalt des Mittelalters, ein Sommerkonzert im Innenhof oder eine Themenführung durch das klingende Museum mit mehr als 220 spielbaren Musikinstrumenten.

Der durchaus selbstbewusst klingende Begriff Fränkische Toskana geht auf den Bamberger Mundartpoeten Gerhard C. Krischker zurück, als er die Erzählung „Meine Fränkische Toskana. Das Ellertal" veröffentlichte. Kurz darauf beschlossen die drei Gemeinden Litzendorf, Memmelsdorf, Strullendorf sich gemeinsam als Fränkische Toskana zu präsentieren.

Skulpturenweg

Info

Lage: Memmelsdorf, Litzendorf und Strullendorf liegen westlich rund um Bamberg.

Auskunft: Am Wehr 3, 96123 Litzendorf, Tel. 09505 8064106, *fraenkische-toskana.com*

Aktivitäten: *fraenkische-toskana.com/upload/Kunst_und_Skulpturenwege_2020.pdf; burgenstrasse.de*

Restaurant:

- Gasthof Schiller: Wirtshaus und Biergarten, einfache Karte; Amlingstadter Straße 14, 96129 Wernsdorf, Tel. 09543 44020, *gasthof-schiller.de*

Unterkunft:

- Drei Kronen: moderne 3-Sterne-Zimmer, Restaurant; Hauptstraße 19, 96117 Memmelsdorf, Tel. 0951 944330, *drei-kronen.de*

17 Steigerwald

DA WIRD DER KOPF FREI

Der Wald ist ein Alleskönner. Seine Gerüche können betörend sein, seine Ruhe so wohltuend und seine tausende Grüntöne sind faszinierend. Im bis zu 500 Meter hohen Steigerwald macht der Laubwald, besonders Buchenwälder, zu 70 Prozent den Bestand aus. Der Naturpark erstreckt sich zwischen Würzburg und Bamberg (siehe Tipp 13) in der West-Ost-Achse sowie im Süden bis Bad Windsheim. Zu Mittelfranken gehört schließlich fast die Hälfte des Naturparks, wie auch die höchste Erhebung: der Scheinberg mit 499 Metern. Wildschweine, Rehe und eine artenreiche Vogelwelt bevorzugen die Buchenwälder als Lebensraum. Besonders Spechte zimmern in die uralten Baumriesen lautstark ihre Höhlen. Und ein Ruf wird immer hörbarer: Bayern muss einen dritten Nationalpark bekommen und dieser soll der Steigerwald sein.

Buchen im Steigerwald

Am besten erwandert man den Naturpark. Da wird der Kopf frei. Und der Mund hat auch mal Ruhe. Aus stundenlangem Wandern wird ja häufig auch stundenlanges Schweigen. Ein Schweigen, das so vieles erzählt, weil man nur so die kleinen Geheimnisse in Wald und Wiese erkennt: dort einen Hasen, in der Ferne ein Reh. Wer lauthals wandert, verscheucht meistens die Tiere. Man sieht eine Ähre, auf der sich ein Schmetterling niedergelassen hat, oder die Ameisenstraße, auf der es so emsig zugeht wie auf der A3. Schmackhafte Beeren eignen sich als Zwischendurchsnack und Lichtungen für eine Pause mit Brotzeit.

Ameisenstraße

Entlang der Steigerwald-Höhenstraße kann man aber auch eine abwechslungsreiche Auto- oder Motorradtour vom Main zur Aisch machen und so manchen historischen Ort besuchen. Die Strecke führt von Haßfurt in Unterfranken im Norden über Ebrach (siehe Tipp 19) und Schlüsselfeld bis Bad Windsheim in Mittelfranken im Süden. Schlüsselfeld hat einen mittelalterlichen Ortskern und das Alte Rathaus von 1723 ist seit 1993 ein Stadt- und Heimatmuseum, das die Geologie, Ökologie und Volkskunde des Steigerwalds verständlich präsentiert. Das Obere Tor war Bestandteil der mittelalterlichen Befestigungsanlage, in dem bis 1837 auch der Stadttürmer wohnte und den Ort bewachte. Schön ist der Marktplatz mit seiner Lindenallee und den hübsch restaurierten Bürgerhäusern: Man sieht weiße Stuckelemente, Bögen und Erker, aber auch französische Mansardendächer.

Doch auch abseits der Steigerwald-Höhenstraße gibt es im oberfränkischen Teil reichlich Ortschaften mit historischen Ortskernen. Burgwindheim zum Beispiel: mit seinem Amtsschloss, ein Mansardendachbau, wie auch viele andere stattliche Häuser im französischen Stil erbaut, was dem Ort ein barockes Äußeres verleiht. In Burgwindheim ereignete sich 1465 zudem das Hostienwunder bei einer Fronleichnamsprozession: Auf dem Altar fiel ohne fremdes Zutun und ohne Einwirkung des Windes die Monstranz um, die Hostie fiel zu Boden. Der Priester konnte sie selbst mit aller Kraft nicht vom Boden lösen. Es wurde ein hölzerner Verschlag errichtet, um die Hostie

Burgwindheim

zu schützen. Das Ereignis wurde als Wunder betrachtet, und schon zwei Jahre später entstand die Kapelle zum Heiligen Blut. Die Zahl der Wallfahrten nahm noch zu, als 1625 eine Quelle entsprang, die bald als wundertätig galt.

Am Drei-Franken-Stein schließlich treffen die drei fränkischen Regierungsbezirke Ober-, Mittel- und Unterfranken auf einer Lichtung zusammen. Der Drei-Franken-Stein wird auch als das Herz Frankens bezeichnet und er ist das Symbol für die Zusammengehörigkeit aller Franken, wobei der knapp drei Meter hohe und rund 2,5 Tonnen schwere Stein aus Muschelkalk auch an die Zwangseingliederung großer Teile Frankens ins Königreich Bayern im Jahr 1806 erinnert. Das Denkmal liegt unweit der A3 und gehört amtlich zum mittelfränkischen Burghaslach.

Info

Lage: Der Steigerwald liegt zwischen den Städten Würzburg, Bamberg und Bad Windsheim.

Auskunft: Hauptstraße 7, 91443 Scheinfeld, Tel. 09161 921523, *steigerwald-naturpark.de*

Aktivitäten: Steigerwald-Höhenstraße, *drei-franken-info.de*

Museum: Stadt-/Heimatmuseum, *schluesselfeld.de*

Restaurant:

- Schwarzer Adler: einfaches Gasthaus mit regionaler Küche; Marktplatz 6, 96132 Schlüsselfeld, Tel. 09552 359, *schwarzer-adler-schluesselfeld.de*

Unterkünfte:

- Landgasthof Rittmayer: behagliche 3-Sterne-Zimmer, Restaurant, eigene Karpfen- und Rinderzucht; Willersdorf 108 in Hallerndorf, Tel. 09195 94730, *rittmayer.com*
- Golfhotel Schloss Reichmannsdorf: moderne 4-Sterne-Zimmer im historischen Haus von 1714; Schlosshof 4, 96132 Schlüsselfeld, Tel. 09546 59510, *schloss-reichmannsdorf.de*

18 Buttenheim

VATER ALLER BLUE JEANS

In Buttenheim wussten die Einwohner lange Zeit nichts von einem gewissen Levi Strauss, dem Erfinder der Blue Jeans, der einst von Buttenheim nach San Francisco auswanderte. Ein Zufall half und seit 2000 ehren sie den gebürtigen Buttenheimer mit einem Museum, in dem es um Levi, seine indigoblau gefärbten Jeans und die ganze Erfolgsgeschichte geht.

Eine Jeans kostet in der Regel um hundert US-Dollar, häufig auch weniger. Ein Japaner gab 2005 allerdings 60.000 Dollar aus und ersteigerte bei einer Internet-Auktion die wohl teuerste Jeans der Welt: eine der ersten original 501-Jeans von Levi Strauss.

Es war ein Oberfranke, der die Jeans erfunden hat. Sein Name: Levi Strauss, 1829 geboren als Löb Strauß in Buttenheim. Aus wirtschaftlicher Not wanderte die Familie 1846 nach San Francisco aus, wo Levi 1866 seine Firma „Levi Strauss & Co." gründete und ab 1871 strapazierfähige blaue Arbeitshosen entwarf, hergestellt aus grobem Baumwollstoff mit Metallnieten, die 1873 patentiert, aber erst um 1920 Jeans genannt wurden. Arbeiter und Cowboys waren die Kundschaft, denn die Hose hielt was aus und durfte durch die Arbeit auch schmutzig werden. 1850 amerikanisierte Strauss seinen Vornamen in Levi, drei Jahre später nahm er die amerikanische Staatsbürgerschaft an: Sein Leben verkörpert wie kaum ein anderes den amerikanischen Traum ...

Die legendäre 501

Erst nachdem Levi's ein eingetragenes Markenzeichen wurde, kamen die ersten Damenjeans auf den Markt und 1936 die heute legendäre 501. Die Zahl geht auf Nieten zurück, die unter der Nummer 501 registriert waren. Doch es dauerte noch mal 20 Jahre, ehe Levi's zur Modeikone aufstieg: Teenager entdeckten die indigoblauen Hosen und die Mode hatte die Arbeitskluft abgelöst. Britische Teenager stürmten sogar die Docks, um den Seeleuten der amerikanischen Handelsmarine die Jeans direkt am Hafen abzukaufen. 1960, 58 Jahre nach dem Tod von Levi Strauss, kam die erste vorgewaschene Jeans auf den Markt, die 551.

501, 502, 511 oder 551 – hinter diesen Zahlen stecken nicht nur die verschieden geschnittenen Levi's-Modelle, sondern fast schon Glaubensbekenntnisse. Wer ein überzeugter 501-Träger ist, kauft keine 551 und schon gar nicht Wrangler, Calvin Klein, Lee oder Diesel.

Heute ist die Jeans beinahe überall salonfähig: Sie wird auch mit Hemd und Jackett, manchmal sogar mit Krawatte getragen. Außer vielleicht in schottischen Golfclubs, in denen die Zeit stehen geblieben ist und vor denen immer noch durchaus ernst zu nehmende Schilder mit der Aufschrift stehen: „No women, no dogs" ...

Anders als in diesen Golfclubs ging die Levi's stets mit der Zeit: 2015 wurde die Levi's Ecocycle aus gebrauchten PET-Flaschen hergestellt; ein Beispiel für nachhaltige Produktionsmethoden. Und zwei Jahre später kam das Levi's Commuter Jacket auf dem Markt, eine bluetoothfähige Jacke. Damit kann ein Mobiltelefon über das Gewebe im Jackenärmel gesteuert werden, ohne dass es aus der Tasche genommen werden muss.

Levi-Strauss-Museum

Besucherin ...

Das Geburts- und Fachwerkhaus von Levi Strauss stammt aus dem Jahr 1643 und ist seit 2000 ein Museum, in dem es um Levi, die wohl berühmteste Hose der Menschheit, die markante blaue Farbe und um die ganze Erfolgsgeschichte geht. Mit Filmen, Tondokumenten, bewegten Grafiken, umfangreichem Bildmaterial und nicht zuletzt einer Sammlung verschiedenster historischer Modelle aus dem blauen Baumwollstoff, wird die Entstehung der Jeans sowie die Bedeutung und die Zeitlosigkeit des universellen Kleidungsstückes im Levi Strauss Museum erlebbar. Rund um den Globus verkörpert die Jeans das Lebensgefühl von Freiheit und ist ein Symbol für Jugend, Individualität und legeren Lebensstil. Eine lebensgroße Levi-Strauss-Bronzefigur (siehe Foto vorn) steht im Innenhof des Museums, das man auch online besuchen kann, wenn man auf Computer, Tablet oder Handy „Zoom" installiert hat. Ein Museums-Pädagoge führt dann durch das Museum. Während der Online-Führung kann man auch Fragen an ihn stellen.

... im Museum

Interessant ist, dass die Bullenhoimer von ihrem berühmten Sohn lange Zeit nichts wussten. Erst eine Anfrage aus den USA brachte ans Tageslicht, dass Levi Strauss im unscheinbaren Buttenheim, südöstlich von Bamberg (siehe Tipp 13) und am Rand der Fränkischen Toskana (siehe

Jeans-Exponate

Tipp 16) gelegen, geboren wurde: Eine Dame aus Milwaukee wandte sich 1983 an den damaligen Buttenheimer Bürgermeister, weil sie für ein German Fest einige Informationen über den Geburtsort von Levi Strauss benötigte. Eine emsige Recherche begann. Nachforschungen im Geburtsmatrikel der Buttenheimer Judengemeinde und eine Auswanderungsurkunde aus dem Staatsarchiv Bamberg belegten schließlich die Erkenntnis: Levi Strauss kommt aus Buttenheim. Gleichzeitig stellte sich heraus, dass das Geburtshaus des Jeans-Erfinders noch existierte. Deshalb beschloss der Gemeinderat vier Jahre später, das denkmalgeschützte Fachwerkhaus, das eines der ältesten Gebäude Buttenheims ist, zu erwerben. Die Idee, der Welt von Indigo und Denim ein Museum zu widmen, nahm Gestalt an. Durch eine mehrere Jahre dauernde, aufwendige Restaurierung wurde das Geburtshaus des Levi Strauss so originalgetreu wie möglich wiederhergestellt und ein Museum eingerichtet.

Levi, seine Jeans und das Museum sind natürlich die erste Adresse in Buttenheim, aber der Ort hat auch ein Schloss: 1774 zweigeschossig erbaut, mit Walmdach und kleinem Turm. Es ist im Besitz des Erben des Erbauers, Hubertus Freiherr von Seefried, der darin ein schönes Landhotel mit acht Zimmern betreibt.

Im Ortsteil Frankendorf sind unter dem denkmalpflegerischen Begriff „Ensemble Frankendorf“ eine ganze Reihe eingeschossiger Bauernhäuser entlang des Deichselbaches zu beiden Seiten des Wassers aufgereiht: Da steht Fachwerkhaus an Fachwerkhaus als sei es ein zusammengehörendes Ganzes. Außerdem gibt es oberhalb des Ortteils eine Ansammlung von Felspartien unter dem Namen Frankendorfer Klettergarten.

Info

Lage: Buttenheim liegt etwa 20 Kilometer südlich von Bamberg.

Auskunft: Hauptstraße 15, Tel. 09545 92220, *buttenheim.de*

Museum: *levi-strauss-museum.de*, auch Online-Führungen

Einkaufen: Museums-Shop mit original Levi's-Jeans

Restaurants:

- Gasthaus Kramer: Wirtshaus mit Biergarten, Spezialität Zwetschgenbamers – hauchdünn geschnittener Rinderschinken; Ketschendorf 19, 96155 Buttenheim, Tel. 09545 7432, *gasthaus-kramer.de*
- Löwenbräu Keller: Dorfgasthof mit Bierkeller und -garten, Sonnenterrasse, Braten, Schnitzel, Bratwürste. Das Löwenbräu ist hausgemachtes Buttenheimer (nicht Münchner) Bier! Eremitage 3, 96155 Buttenheim, Tel. 09545 509346, *loewenbraeu-keller-buttenheim.de*

Unterkünfte:

- Landhotel Schloss Buttenheim: 3-Sterne-Zimmer in historischem Ambiente; Schlossstraße 16, 96155 Buttenheim, Tel. 09545 94470, *landhotel-buttenheim.de*
- Hotel am Markt: einfache Zimmer in zentraler Lage; Marktstraße 19, 96155 Buttenheim, Tel. 09545 1554, *hotel-buttenheim.de*

19 Ebrach

KLOSTER MIT KNAST

Die Gemeinde steht fast unscheinbar im Schatten der ehemaligen Zisterzienserabtei von Ebrach (im Foto die Abteikirche), eine der großartigsten frühgotischen Bauten in Deutschland. Seit rund 60 Jahren werden große Teile als Jugendstrafanstalt genutzt. Hoch hinaus geht es am Ortsrand: bei einer Begehung des Baumwipfelpfads.

Sie steht da, als wäre sie El Escorial in Madrid oder Kloster Weltenburg an der Donau: die ehemalige Zisterzienserabtei von Ebrach, eines der imposantesten mittelalterlichen Bauwerke Oberfrankens. Gotisch-barocke Gebäude, die Gärten und die Abteikirche liegen idyllisch zwischen Auenwiesen und hoch aufragendem Laubmischwald. Praktisch aus dem Nichts schufen Mönche zunächst den romanischen und ab 1200 den großartigen frühgotischen Teil des Gebäudes.

Mit seiner rund 900-jährigen Geschichte blickt Ebrach auf eine bewegte Vergangenheit zurück, in der die Äbte und Mönche Land und Kultur formten. Prägend waren die Ebracher Klosterbrüder besonders durch ihren Weinbau, die Schäferei und Waldnutzung. Die Abtei wurde 1127 gegründet und wuchs im Lauf der Zeit zu einem der wohlhabendsten Klöster in Franken, mit der Blütezeit Ende des 17. bis Anfang des 18. Jahrhunderts. 1803 wurde das Kloster während Säkularisation aufgelöst und beherbergt heute eine Jugendstrafanstalt mit 337 Plätzen. Trotzdem kann man das ehemalige Kloster besuchen und eine Zeitreise zu den Schätzen der Zisterzienser, ihrem prachtvollen Kaisersaal, dem prunkvoll barocken Treppenhaus oder der wunderbaren Fensterrosette machen – bei einer Führung oder auf eigene Faust. Im Kaisersaal und in der Abteikirche findet jedes Jahr auch der Ebracher Musiksommer mit klassischen Orchesterkonzerten statt.

Im ehemaligen Zisterzienserkloster ist seit 2004 zudem ein Museum untergebracht, das sich sowohl mit der Geschichte der Gemeinde als auch und im Besonderen mit der des Klosters befasst. Zu sehen sind die Räume der früheren Abtswohnung,

Porträts der Äbte, historische Ansichten, Bücher und sakrale Gegenstände. Eine Abteilung beleuchtet aber auch den Jugendstrafvollzug: So sieht man zum Beispiel einen alten Haftraum, wie er noch bis 1985 üblich war.

Bleibt das einzige Ebracher Highlight – was im Wortsinn gemeint ist ... –, das nichts mit dem Kloster zu tun hat: der Baumwipfelpfad am Ortsrand in Richtung Würzburg. Bis zu 26 Meter steigt der Holzweg in die Höhe und hat eine Länge von 1150 Metern. Er schlängelt sich entlang von Baumkronen und bietet beeindruckende Ausblicke, besonders vom 42 Meter hohen Aussichtsturm. Schließlich erhalten die Besucher dort Einblicke in ansonsten nicht erreichbare Höhen und Ebenen des Ökosystems Wald. Dabei werden Fauna und Flora in ihrer natürlichen Umgebung nicht nur sichtbar, sondern auf dem ganzen Gelände auch erklärt. Man kann verschiedenen Vögeln bei der Aufzucht ihrer Jungen zuschauen, dem Röhren eines Hirsches lauschen oder die Frage klären: Ist das Reh eigentlich die Frau vom Hirsch? Im Wildgehege kommt man den Hirschen und auch Mufflons ganz nahe und darf sogar füttern, denn die neugierigen Tiere kommen gerne an den Zaun. Gänzlich aus heimischen Hölzern bestehend und rollstuhlgerecht ausgebaut, erweitert der Pfad den Blickwinkel durch spannend aufbereitete Informationen zur Nutzung durch Forstwirtschaft und Jagd. Und in jeder Jahreszeit hat man einen neuen Blick auf die

Der Baumwipfelpfad

Natur. Ergänzt wird der Pfad durch einen Spielplatz, einen kleinen Streichelzoo und einem Gastronomiebetrieb.

Wer den Wald dann doch wieder mit beiden Beinen auf dem Boden erleben will, begibt sich auf den Methusalempfad am Radstein. Der Rundwanderweg ist knapp drei Kilometer lang und zeigt, wie wichtig alte, auch umgestürzte Bäume für das Ökosystem Wald sind. Für Pilze, Vögel und Insekten sind sie überlebenswichtig: Nach ihrem Absterben dienen die Bäume noch jahrzehntelang als Lebensraum, bis sie endgültig zersetzt sind. Der Rundweg ist mit einem roten M markiert und führt an neun Methusalemen, darunter einer Rieseneiche, vorbei.

Info

Lage: Ebrach liegt etwa 35 Kilometer westlich von Bamberg.

Auskunft: Rathausplatz 2, 96157 Ebrach, Tel. 09553 92200, *ebrach.de*

Aktivitäten: *baumwipfelpfadsteigerwald.de;* Naturbad, *acquasana.de*

Event: *ebracher-musiksommer.de*

Restaurants:

- Zum alten Bahnhof: fränkische Küche, Biergarten und ein Speisewaggon mit 60 Sitzplätzen, der auf einem Gleis steht. Schöne Zimmer; Bahnhofstraße 4, 96157 Ebrach, Tel. 09553 1241, *gaststaette-zum-alten-bahnhof.de*
- Am Baumwipfelpfad: Selbstbedienungsgastronomie mit kleinen Gerichten und Snacks; Radstein 2, 96157 Ebrach, Tel. 09553 9891587, *baumwipfelpfadsteigerwald.de*

Unterkunft:

- Historikhotel Klosterbräu: 3-Sterne-Hotel in historischen Gemäuern, Restaurant; Marktplatz 4, 96157 Ebrach, Tel. 09553 180, *klosterbraeu.info*

Auf dem Korbmarkt

Lichtenfels

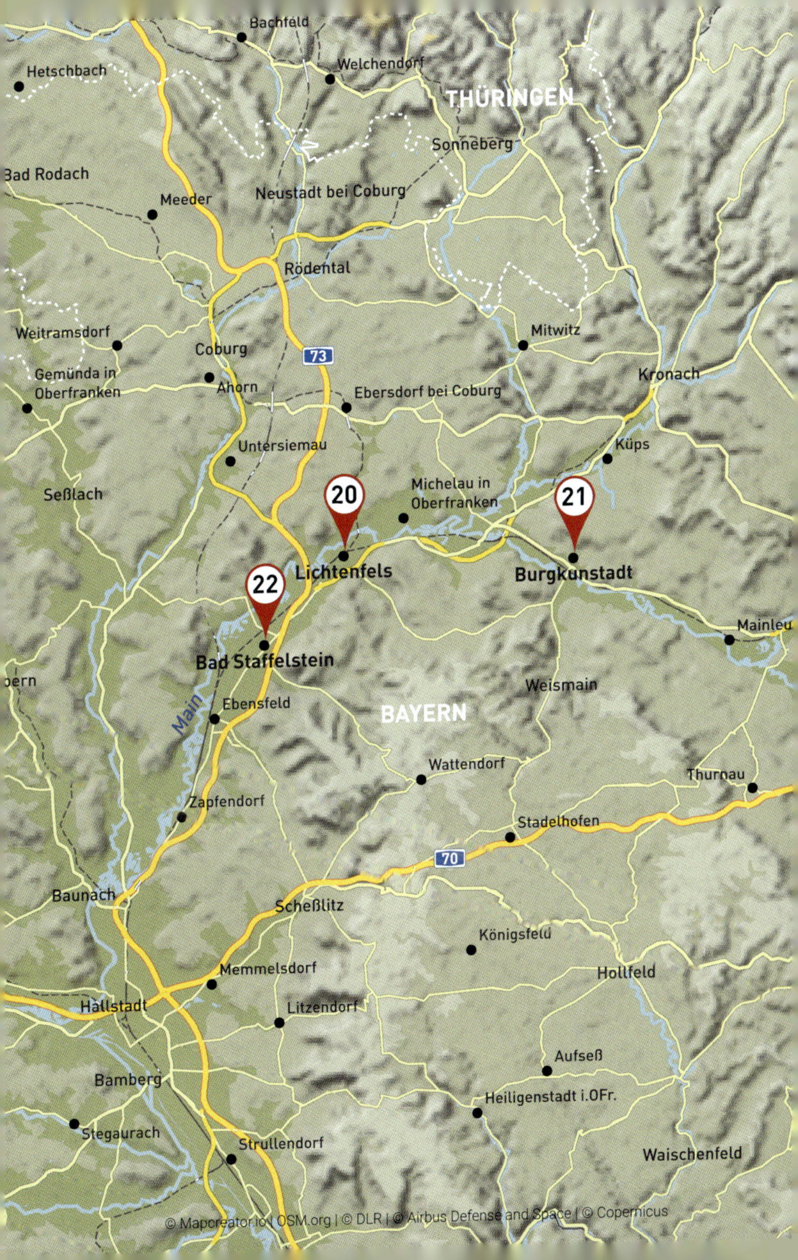
Bachfeld
Hetschbach
Welchendorf
THÜRINGEN
Sonneberg
Bad Rodach
Meeder
Neustadt bei Coburg
Rödental
Weitramsdorf
Coburg
73
Mitwitz
Gemünda in Oberfranken
Ahorn
Ebersdorf bei Coburg
Kronach
Untersiemau
Küps
Seßlach
20
Michelau in Oberfranken
21
Lichtenfels
Burgkunstadt
22
Mainleus
Bad Staffelstein
Weismain
Main
Ebensfeld
BAYERN
Wattendorf
Thurnau
Zapfendorf
Stadelhofen
70
Baunach
Scheßlitz
Königsfeld
Memmelsdorf
Hollfeld
Hallstadt
Litzendorf
Aufseß
Bamberg
Heiligenstadt i.OFr.
Stegaurach
Strullendorf
Waischenfeld
© Mapcreator.io | OSM.org | © DLR | © Airbus Defense and Space | © Copernicus

20 Lichtenfels

FLECHTER UND TÜMPELSCHÖPFER

Einkaufs- und Wäschekörbe, Kinder- und Puppenwagen, Möbel und Truhen: Alles was aus Weiden geflochten werden kann hatte und hat Lichtenfels. Seine Korbmacher pflegten einst sogar Handelsbeziehungen mit London und New York. Lichtenfels ist die deutsche Korbstadt, in der sich mit Flechtkultur und -skulpturen alles nur um das Eine dreht.

Auch wenn man die Bedeutung nicht sofort versteht, so weiß man doch, dass diese Bezeichnung sicherlich nicht charmant gemeint ist: Tümpelschöpfer oder besser auf oberfränkisch Dümblschöbfä. Der Sage nach gab es in Lichtenfels das Gerücht, dass in einem Tümpel ein großer Schatz verborgen sei. Also versuchten die eifrigen wie neugierigen Lichtenfelser das Wasser abzuschöpfen, mussten aber feststellen: Der Wasserspiegel senkte sich nicht, da durch eine Verbindung zum Main ständig Wasser nachfloss. Was blieb, war der spöttische Name Tümpelschöpfer, den die Lichtenfelser bis heute nicht mehr losbekommen haben.

In Lichtenfels scheint man Sagen und Legenden zu mögen. Über dem Marktplatz erhebt sich das Stadtschloss: An einem Erker sieht man über dem Fenster drei Kindergestalten in Stein gehauen. Sie sollen die Drillinge des Grafenehepaars darstellen. Drei Buben, die gerne im Schlosshof am Holunderbusch herumtollten. Einmal überhörten sie die Stimme ihrer Mutter, die zum Essen rief. Da die Buben keine Antwort gaben, war die Gräfin böse und fluchte: „Ach, wenn sie nur der Teufel hole". Seitdem waren die Kinder nicht mehr aufzufinden. Und beim genauen Blick auf das Relief am Erker erkennt man neben den Kindern auch die Gestalt eines Junkers, der nichts anderes sein soll als der verkleidete Teufel.

Marktplatz

Das Stadtschloss wurde 1555 von Graf Caspar von Sternberg gegen den Widerstand der Bevölkerung gebaut. Je nach Besitzer war es Adelssitz und fürstbischöfliches Quartier, Getreidespeicher, Weinkeller, Trockenraum für Kräuter oder Materiallager einer Korbwaren-Gesellschaft. Heute ist die Stadt der Besitzer und vermietet das Gebäude als attraktive Event-Location. Seit 2023 beherbergt das Stadtschloss die Städtischen Sammlungen und ist für Besucher zu besichtigen.

In Lichtenfels wird der vom markanten Rathaus dominierte Marktplatz auch Korbmarkt genannt und die ganze Stadt gerne als Korbmacherstadt tituliert. Besonders in der zweiten Hälfte des 19. Jahrhunderts blühte die Korbindustrie auf: Lichtenfels pflegte Handelsbeziehungen mit London und New York, St. Petersburg und Rio de Janeiro. Mehr als ein Dutzend Korbmacherfirmen hatten ihren Sitz in Lichtenfels, darunter auch die größten der Branche. In Erinnerung daran findet jedes Jahr im September der Korbmarkt, das Flecht-Kultur-Festival, statt. Auch Flechtskulpturen findet sich zahlreich in der Korbstadt: etwa das Flechttor am Bahnhof oder die Riesenameise in der Coburger Straße. Flechtfiguren balancieren auf der Mauer an der Stadtpfarrkirche, sitzen am Brunnenrand des Florianbrunnens und laufen Richtung Kronacher Turm. Ein Hingucker sind auch die Märchenfiguren: das Sterntaler-Mädchen in luftiger Höhe an einem Haus in der Bahnhofstraße, die Gänseliesel, die ihre Gänse in die Coburger Straße treibt. Es gibt den Hans im Glück und Frau Holle, aber auch die Korbmacherin: Denn samstags kamen hunderte Korbmacher in die Stadt, um ihre Körbe zu den Händlern in Lichtenfels zu bringen. Die Skulptur

Flechtfiguren: sitzende und ...

... laufende Kinder

erinnert daran, dass die Korbmacher bis zu vier Stunden hoch bepackt und zu Fuß dafür unterwegs waren. Irmgard Wissing, eine der Künstlerinnen, sagt dazu: „Die Figuren erinnern uns Erwachsene an ein Lebensgefühl, das getragen ist von einer kindlichen Unbekümmertheit, Lebensfreude, Leichtigkeit, Vitalität, Gelassenheit oder Risikobereitschaft."

Korbballen

Auf dem Pfad der Flechtkultur, ein 14 Kilometer langer Erlebnisrundweg, der die Deutsche Korbstadt und die Korbmachergemeinde Michelau, wo sich auch das Deutsche Korbmuseum befindet, auf Wegen durch die Mainauen verbindet, versucht man eine der ältesten handwerklichen Tätigkeiten des Menschen erfahr- und begreifbar zu machen. Neben Flechtobjekten dokumentieren Informationstafeln die Geschichte und Tradition des Korbmacherhandwerks, der Korbindustrie und des Korbhandels.

Auch das Deutsche Korbmuseum widmet sich der ganzen Welt des Flechtens: mit Exponaten aus allen Teilen der Welt. Kinder- und Puppenwagen, Miniaturen, Designermöbel, Gebrauchskorbwaren und so manche Kuriosität. Im Korbmuseum ist fast alles zu sehen, was aus Weiden geflochten werden kann. Dass das Deutsche Korbmuseum in Michelau steht, ist kein Zufall. Es geht zurück auf eine 1929 angelegte Sammlung. Seit 1934 besteht das Museum, heute mit 26 Schauräumen und knapp 2000 Exponaten aus aller Welt. Es ist untergebracht im Wohn- und Geschäftshaus einer Michelauer Korbmacherfamilie, das aus dem Jahr 1815 stammt.

In Lichtenfels finden sich außerdem bis heute Werkstätten und Galerien, die eigene Flechtwerke aus Naturmaterial, zum Beispiel Körbe, Taschen, dekorative und nützliche Geflechte, aber auch Flechtkurse anbieten. Und es gibt Körbla, den Lichtenfelser Einkaufskorb, der von zwei Absolventinnen der ortsansässigen Berufsfachschule für Flechtwerkgestaltung, Jennifer Rubach und Rosa Gies, für die Deutsche Korbstadt entwickelt wurde. Der Korb verbindet die Tradition des Handwerks mit zeitlosem Design, ist aus Weide und mit geringem Energieeinsatz nachhaltig hergestellt. Die Tragegurte sind aus Baumwolle und austauschbar. 'S Körbla kann vom Flechthandwerker repariert werden. Und nach der Nutzungsdauer kann man es bedenkenlos in den Kreislauf der Natur zurückführen. Man sieht: Die Lichtenfelser sind dann doch eher Korbmacher als Tümpelschöpfer ...

Mariä Himmelfahrt

Östlich vom Marktplatz fällt noch der spitze, schiefergedeckte Turm der Pfarrkirche Mariä Himmelfahrt aus dem 15. Jahrhundert ins Auge. Die Stadttore Kronacher Turm mit 41 Meter Höhe und das etwas kleinere Bamberger Tor sind letzte Teile der ehemaligen Stadtbefestigung. Und die der Legende nach seit mehr als 500 Jahren existierenden unterirdischen Gänge boten bis in den Zweiten Weltkrieg hinein den Tümpelschöpfern und Korbmachern Unterschlupf und Schutz. Außerdem wurde dort auch stets ihr Bier gelagert ... Die unterirdischen Gänge können besichtigt werden.

Info

Lage: Lichtenfels liegt etwa 90 Kilometer nördlich von Nürnberg.

Auskunft: Bamberger Straße 3a, 96215 Lichtenfels, Tel. 09571 795101, *tourismus-lichtenfels.de*

Aktivitäten: Flechten lernen, *asamtheresia.de*

Event: *flechtertreffen.de*

Museum: *lichtenfels.de/kultur-und-tourismus/lichtenfels-entdecken/museen-sammlungen/ausstellungen-im-stadtschloss*

Einkaufen: *korbwaren-kraus.de, korb-backert.de* oder *aumueller-korbwaren.com* in Michelau

Restaurants:

- Gasthof Müller: Karpfen und Forellen aus eigener Zucht; Kloster-Banz-Straße 4, 96215 Lichtenfels, Tel. 09571 95780, *gasthofmueller.de*
- Weinhaus Heidenreich: fränkische Ravioli mit Entenbrust, große Flammkuchenkarte und Mediterranes, Weinproben; Innere Bamberger Straße 20, 96215 Lichtenfels, Tel. 09571 9489070, *weinhaus-heidenreich.de*

Unterkünfte:

- Landgasthof Karolinenhöhe: moderne Zimmer, schöne Frühstücksterrasse, gutes Restaurant; Karolinenhöhe 1, 96215 Lichtenfels, Tel. 09574 8495, *karolinenhoehe.de*
- Stadthotel Lichtenfels: moderne, komfortable Zimmer in traditionsreichem Gebäude; Bamberger Straße 30, 96215 Lichtenfels, Tel. 09571 925300, *stadthotel-lichtenfels.de*

21 Burgkunstadt

DA WIRD EIN SCHUH DRAUS

Mehr als hundert Jahre fertigten die Schuster von Burgkunstadt Schuhe für alle und jeden. Das Deutsche Schustermuseum dokumentiert den Werdegang der bayerischen Schuhmetropole sowie die Entwicklung von Funktion und Mode.

Diese Geschichte beginnt in Ägypten um 3500 v. Chr. Zu dieser Zeit gab es noch nicht einmal die Pyramiden von Gizeh. Aber die Ägypter trugen schon Sandalen mit einer festen Sohle aus Holz. Es waren mutmaßlich die ersten Schuhe überhaupt.

1481 n. Chr. – so weist es das Stadtarchiv von Burgkunstadt aus – musste ein Schubart, also ein Schuhmacher, bereits Steuern an die Stadt bezahlen, was beweist: Zu dieser Zeit wurden bereits Schuhe in Burgkunstadt hergestellt. Weitere Rechnungen zeigen, dass es bald viele Gerbereien und Schubarte gab. In Burgkunstadt wurde zwar kein Schuh erfunden, aber immerhin gründete 1888 der Schuster Joseph Weiermann die erste mechanische Schuhfabrik im heutigen Gasthof „Drei Kronen". Von nun arbeitete man nicht mehr zu Hause, sondern ging in die Schuhbuden, wie die in den Folgejahren entstandenen Schuhfabriken der Stadt zunächst hießen. Der Höhepunkt der Burgkunstadter Schuhindustrie war Mitte der 1960er-Jahre, als knapp 2500 Arbeiter täglich mehr als 12.000 Paar Schuhe fertigten: Damen- und Herrenschuhe,

Im Schustermuseum

Fachwerk und Rathaus

Kinder-, Übergrößen-, Eislauf- und Skischuhe. Burgkunstadt bekam zu dieser Zeit den Beinamen Fränkisches Pirmasens. Denn Pirmasens war die damalige Hauptstadt der Schuhe in Deutschland. Nach knapp hundert Jahren Schuhindustrie wurde 1990 die letzte Schuhfabrik in Burgkunstadt geschlossen. Doch das Deutsche Schustermuseum, die Hauptattraktion der Stadt, erinnert an die Vergangenheit mit zahlreichen Exponaten, Erklärungen und Dokumentationen.

Neben dem Museum und so manchem hübschen Fachwerkhaus ist die Wallfahrtskapelle Fünfwunden Christi mit der Madonna im Strahlenkranz zu beachten: Sie ist das älteste Gebäude der Stadt auf dem Friedhofsberg. Die Besichtigung ist nur auf vorherige Anfrage im Rathaus möglich, das in einem ehemaligen Burgtor untergebracht ist.

Info

Lage: Burgkunstadt liegt ca. 16 Kilometer östlich von Lichtenfels.

Auskunft: Vogtei 5, 96224 Burgkunstadt, Tel. 09572 3880, *burgkunstadt.eu*

Museum: *deutsches-schustermuseum.de*

Restaurant:

- Landgasthof zum Anker: regionale und saisonale fränkische Küche, einfache Zimmer; Bamberger Straße 15, 96224 Burgkunstadt, Tel. 09572 1664, *landgasthof-zum-anker.de*

Unterkunft:

- Drei Kronen: schlichte Zimmer im 2-Sterne-Hotel, Restaurant mit Terrasse, Lichtenfelser Straße 24, 96224 Burgkunstadt, Tel. 09572 386050, *hotel-3kronen.de*

22 Bad Staffelstein

NACH ADAM RIESE …

… liegt Bad Staffelstein 267 Meter niedriger als sein Hausberg, der Staffelberg (Foto). 539 minus 272 ergibt 267 Höhenmeter. Wer richtig gerechnet hat, unterstreicht seine Leistung gerne mit dem Hinweis „nach Adam Riese“, denn der galt als unfehlbar. Der Rechenmeister wurde 1492 in Bad Staffelstein geboren.

Bayerns wärmstes Thermalbad liegt im Norden von Oberfranken: die Obermain Therme in Bad Staffelstein. Mit 52 Grad sprudelt das Thermalwasser aus 1600 Metern Tiefe aus der Erde. Die Mineralstoffe übertreffen die Mindestwerte für anerkanntes Heilwasser beinahe um das Hundertfache. Nach Adam Riese müsste die Obermain Therme damit auch die gesündeste im Lande sein. Der berühmteste Sohn der Stadt war ja nicht nur als Rechenmeister bekannt, sondern auch als einer, der Nicht-Mathematikern den Wert der Rechenkunst nahebrachte. Riese hat durch seine Bücher dem einfachen Volk Einblick in die Bedeutung und Anwendbarkeit der Mathematik in den Bereichen des täglichen Lebens gegeben: einkaufen, verkaufen, vergleichen, etwa von Gewichtsmaßen, Fracht oder Löhnen. Er schrieb von Gewinn und Wucher und „dass der arme, gemeine Mann nicht betrogen werde". Schon 1518 stellt Riese sein erstes Rechenbuch fertig. 1536 erscheint „Ein gerechnet Büchlein", mit dem er „das gemeine Volk vor Betrug durch Kaufleute" schützen wollte. Und in vielen Auflagen seiner Bücher schickte Riese als „Hinwendung an den Leser" ein Gedicht voraus, in dem es heißt, Gott habe alles nach Maß, Gewicht und Zahl geordnet.

Obermain-Therme

1492 wurde Adam Riese in Staffelstein geboren. Seine Zeitgenossen waren Martin Luther und Albrecht Dürer, Hans Sachs und Nicolaus Kopernicus. Die Stadt ehrt ihn mit einem Denkmal am Marktplatz: Es zeigt den genialen Rechenmeister mit einem Schüler.

Adam-Riese-Denkmal

Unweit vom Zentrum von Bad Staffelstein kann man auch die Basilika Vierzehnheiligen von Balthasar Neumann als genial – im übertra-

genden Sinne – bezeichnen. Die Fassade gilt als eine der imposantesten des Barock-Zeitalters. Der Überlieferung zufolge erschien einem Schäfer um 1445 das Jesuskind im Kreise anderer Kinder, die sich als die 14 Nothelfer vorstellten und an diesem Ort eine Kapelle einforderten. Daraufhin verschwanden sie in den Wolken. Kurze Zeit später gesundete an der Erscheinungsstätte eine schwerkranke Frau, worauf bald die ersten Wallfahrer kamen und tatsächlich eine erste Kapelle errichtet wurde. Der heutige Bau von Balthasar Neumann wurde 1772 vollendet. Neumann erlebt den Tag der Einweihung allerdings nicht mehr.

Am Hang gegenüber steht das mächtige Kloster Banz der Basilika Vierzehnheiligen kaum nach. Die Brüder Leonhard und Johann Dientzenhofer erbauten das Kloster ab 1698 neu, da es Anfang des 16. Jahrhunderts völlig abgebrannt war. Nach der Säkularisation wollte man den Bau schleifen, doch glücklicherweise kaufte ihn Herzog Wilhelm 1814 als Sommerresidenz. Aktuell befindet sich Banz im Besitz der CSU-nahen Hanns-Seidel-Stiftung und dient als Tagungsstätte, auch für hochrangige Treffen der CSU.

Zwischen den beiden beeindruckenden Bauwerken fließt gemächlich der Main, und über allem erhebt sich der markante Staffelberg, auf dem sich einst eine keltische Siedlung befand. Dichter Victor von Scheffel schrieb angesichts dessen schwärmerisch: „Ich wollt', mir wüchsen Flügel".

Das geht natürlich bis heute nicht. Aber nach einem herrlichen Blick vom Hochplateau des Staffelsteins geht man schließlich noch ins „Staffelberg-Bräu“ zum Schlachtschüssel-Essen und auf einen guten Schluck. Der Brauereigasthof von 1856 – in sechster Generation als Familienbetrieb geführt – hat schließlich eine eigene Bergquelle für bestes hausgemachtes Bier. Derzeit stehen zwölf Biersorten zur Wahl.

Aber noch einmal zurück zur Obermain Therme, wo man – ob Sauna-Neuling oder -Profi – ein Sauna-Diplom machen kann. Dabei geht es um die elf verschiedenen Saunen der Therme, über die faszinierende Welt der Aufgüsse und Aromen bis zu unzähligen Gesundheitsaspekten des Saunierens. Ob Adam Riese das Diplom wohl anerkannt hätte?

Info

Lage: Bad Staffelstein liegt etwa sieben Kilometer südwestlich von Lichtenfels.

Auskunft: Bahnhofstraße 1, 96231 Bad Staffelstein, Tel. 09573 33120, *bad-staffelstein.de*

Aktivitäten: *obermaintherme.de*

Museum: im Kloster Banz, *hss.de/museum-kloster-banz/ausstellungen*

Restaurant:

- Bräustübl: traditionelle fränkische Küche und hausgemachtes Bier, kleiner Biergarten, einfache Zimmer; Mühlteich 7, 96231 Bad Staffelstein, Tel. 09573 5925, *staffelberg-braeu.de*

Unterkünfte:

- Hotel Rödiger: gemütliche Zimmer mit viel Holz, Restaurant, Pool, Sauna, Dampfbad: Zur Herrgottsmühle 2, 96231 Bad Staffelstein, Tel. 09573 9260, *hotel-roediger.de*
- Kurhotel An Der Obermaintherme: Best-Western-Plus-Hotel mit komfortablen Zimmern, Restaurant, Pool, Spa; Am Kurpark 7, 96231 Bad Staffelstein, Tel. 09573 3330, *bestwestern.de*

In der Herrngasse

Coburg

23. Coburg, Altstadt: Gurken-Alex und die Tänzerinnen
24. Die Veste in Coburg: Fränkische Krone
25. Bratwürste aus Coburg: Es geht um die Wurst
26. Rödental: die junge Stadt

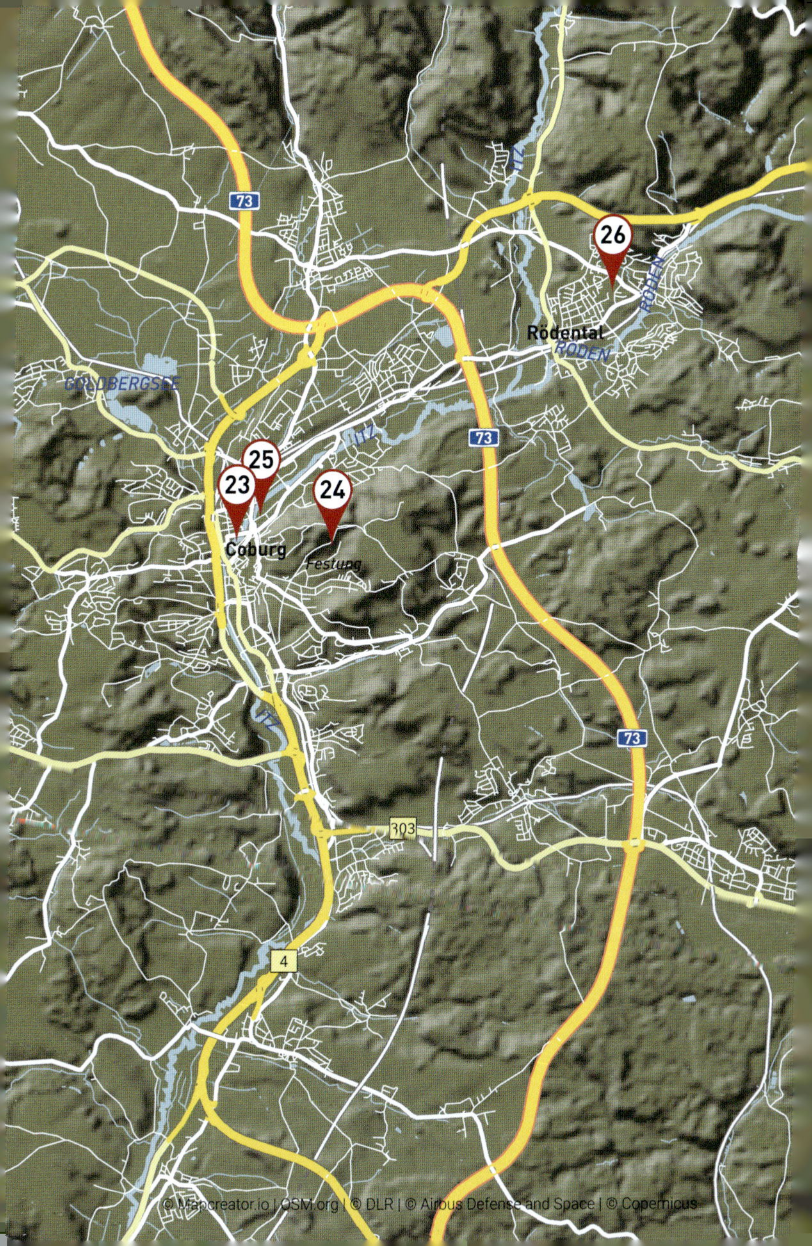

73
26
Rödental
RODEN
GOLDBERGSEE
ITZ
25
23
24
Coburg
Festung
303
4
© Mapcreator.io | OSM.org | © DLR | © Airbus Defense and Space | © Copernicus

23 Coburg

GURKEN-ALEX UND DIE TÄNZERINNEN

Das kleine Coburg im hohen Norden Frankens wird häufig unterschätzt. Abgesehen von der berühmten Veste hat die Stadt, die per Volksabstimmung zu Bayern kam, noch einiges mehr zu bieten: ob filigran bestückter Marktplatz und erstaunliche Kanaldeckel, ob Bio-Läden oder Rio-Samba-Sause.

Der Gurken-Alex

Originale sind für eine Stadt wie das Salz für die Suppe. In Coburgs Innenstadt, in der Mitte der Herrngasse (Einstiegsfoto), steht einer: Gurken-Alex. Er war wohl ein eher kleinwüchsiger Mann und er grinst ein wenig frech hinter seiner großen Brille hervor. Die Statue von 1986 ist dem 1960 verstorbenen Alexander Otto gewidmet. Als fliegender Händler war er stadtbekannt und den Namen Gurken-Alex bekam er, da er auf Volksfesten und in Gasthäusern Salzgurken, seine Kümmerlinge, aus Eimern verkaufte.

Johann Casimir ist kein Original. Das hätte sich der einstige Herzog von Sachsen-Coburg wohl verbeten. Unter Casimir erlebte die Residenzstadt Coburg ihre kulturelle Blütezeit. Unter anderem gründete er das Gymnasium Casimirianum, in dem Schüler aller Schichten und Klassen ab 1605 kostenfrei unterrichtet wurden. Die Aufnahmebedingungen waren schlicht: Die Schüler in spe mussten nur aufrecht gehen und gemäßigt essen. Bis heute dankt man dem Stifter am Schuljahresende beim Stiftungsfest: Der steinernen Figur des Schulgründers am Eck des Renaissancegebäudes wird von den drei Jahrgangsbesten von einer Feuerwehrleiter aus ein Kranz auf das steinerne Haupt gesetzt. Danach trinken sie auf das Wohl des Gründers noch auf der Leiter zwei Liter Schwarzbier. Auch Prinz Albert ging auf das Casimirianum, ebenso wie Johann Caspar Goethe, der Vater von Johann Wolfgang, der 1782 die Stadt besuchte. Doch weder Albert noch Vater Goethe waren Jahrgangsbeste.

Johann Casimir

Von der Casimir-Statue auf Höhe des ersten Stockwerks wandert der Blick hinunter auf den Boden und fällt auf einen Mohrenkopf. Der auf einem Kanaldeckel abgebildete Mohr ist ebenfalls kein Original, auch kein Adeliger, sondern ein Heiliger: Es ist der Heilige Mauritius, seit dem 14. Jahrhundert der Schutzpatron der Stadt, als ein Relikt in der Moritzkirche ausgestellt wurde, in der Martin Luther 1530 achtmal auf deutsch predigte. Das Mauritius-Porträt taucht fast überall in der Vestestadt auf: im Stadtwappen, auf dem im 14. Jahrhundert geprägten Coburger Pfennig, an Fassaden oder eben auf 170 Coburger Kanaldeckeln. Eine Diskussion über die Verwendung des Begriffs Mohr gibt es in Coburg glücklicherweise nicht: „Ein Tisch heißt Tisch, meine Gurken heißen Gurken, die Katze heißt Katze und ein Mohr heißt Mohr", sagt eine Marktfrau trocken. „Ganz ohne Hintergedanken. Die, die etwas in Begriffe hineininterpretieren, die sollten sich hinterfragen …"

Kanaldeckel mit Mohr

Ein Original der ganz anderen Art sind die heißen Samba-Tage, die 200.000 Menschen anlocken und die Großherzogstadt zu Klein-Rio machen. 3000 temperamentvolle Tänzerinnen und Tänzer in farbenprächtigen Kostümen und fantasievolle Shows, begleitet von hundert Gruppen mit Musikern und Trommlern aus aller Welt, fährt das Coburger Samba-Festival jährlich im Juli auf: die

Samba-Festival

größte und beste Samba-Party außerhalb Brasiliens. Dazu gehören Bühnenshows und brasilianischer Straßen-Samba mit Umzug. Die Altstadt zwischen Markt und Schlossplatz ist für drei Tage das Epizentrum. Von den Einnahmen fließt ein Teil in Hilfsprojekte für brasilianische Straßenkinder.

Marktplatz

Das Autokennzeichen für Coburg ist CO, das für das benachbarte und nicht sonderlich geschätzte Kronach KC, das die Coburger ganz nonchalant mit „Kein Coburger" interpretieren. Coburg, 1056 erstmals urkundlich erwähnt, ist die Stadt, die trotz 70 Prozent protestantischer Einwohner per Volksabstimmung 1919 ein Jahr später zu Bayern kam, weil Bayern den Bürgern am meisten geboten hatte. Sie ist sehens-, aber fast noch mehr erlebenswert: Low-Carb- und Bio-Läden geben der Stadt alternatives Flair. Galerien bieten Kunstwerke aller Preisklassen und die seit 1806 existierende „Buchhandlung Riemann" bietet regelmäßig „All you can read" an. In einem Bundesgrenzschutzgelände proben Nachwuchsbands und das Vogelschießen ist ganz harmlos, denn so heißt nur das Volksfest im Sommer. Kommen Form und Inhalt kreativ zusammen, dann sind die Coburger Designtage, bei denen sich Coburgs berühmtester Sohn Prinz Albert schon mal die Kugel gibt – bei einer Installation ... Wer ihn ohne Kugel sehen möchte: In der Mitte des Marktplatzes steht das von den Coburgern innig geliebte Bronze-Denkmal für Prinz Albert, der durch die Ehe mit Queen Victoria das Haus Sachsen-Coburg in Großbritannien begründete. 1917, im Ersten Weltkrieg, nahm es den Namen Windsor an. Alberts Frau, die britische Königin Victoria, schenkte der Stadt das Denkmal und kam zur Einweihung höchstpersönlich. Übrigens soll sie ihm den Heiratsantrag gemacht haben – und nicht umgekehrt, was um 1840 durchaus noch ungewöhnlich war.

Die architektonische Handschrift des 15. Jahrhunderts ist dem Marktplatz bis heute anzusehen. Sieben Gassen führen zu ihm, dem Rathaus mit dem Coburger Erker und dem figurenbesetzten Stadthaus. Die Hofapotheke und das Bürgerhaus, in dem heute die Sparkasse untergekommen ist, sind ebenfalls Hingucker.

Boxsack im Vienna House

Weitere schöne Innenstadtplätze sind der große Schlossplatz, der Albertsplatz mit neugotischem Baustil und der modern gestaltete Theaterplatz. Das Münzmeisterhaus aus dem 13. Jahrhundert gehört zu den ältesten Fachwerkbauten in Deutschland und das Juden-, Ketschen- sowie Spitaltor sind die letzten verbliebenen Relikte der Stadtmauer aus dem 15. Jahrhundert. Doch auch Jugendstil findet sich in Coburg: 60 Jugendstilgebäude sind verzeichnet und das Sonnenhaus von 1903 ist wohl das schönste.

Jahrzehntelang lag Coburg unmittelbar am Eisernen Vorhang

und darbte wie viele andere Orte der Region. Das gilt auch für Untersiemau, wo man den ersten deutschen astronomischen Lehrpfad begehen kann. Das verkleinerte Abbild unseres Sonnensystems führt über den zehn Kilometer langen Planetenweg, auf dem der sonnenfernste Planet Pluto maßstabsgerecht einen Durchmesser von 69 Zentimetern hat.

Lage: Coburg liegt 110 Kilometer nördlich von Nürnberg.

Auskunft: Herrngasse 4, 96450 Coburg, Tel. 09561 898000, *coburgmarketing.de*

Aktivitäten: Baden im Goldbergsee, Planetenweg, *untersiemau.de*

Events: *samba-festival.de;* Designtage, *c-d-o.de; vogelschiessen-coburg.de*

Einkaufen: Wochenmarkt am Marktplatz (Dienstag, Mittwoch, Samstag); *shop.riemann.de*

Restaurants:

- Brauhaus Stadl: Holztischatmosphäre, „Broudwärschd" und Schäufele; Mauer 2, 96450 Coburg, Tel. 09561 7059192, *brauhaus-coburg.de*
- Goldenes Kreuz: Wirtshaus seit 1508, gediegen, Biergarten, Braten mit Rutscher (Klöße). Herrngasse 1, 96450 Coburg, Tel. 09561 513407, *goldenes-kreuz-coburg.de*

Unterkünfte:

- Vienna House: südlich der Altstadt, Fahrräder kostenfrei, modern, lockere Atmosphäre, große, helle Zimmer, teils mit Boxsack oder Hometrainer, gutes Frühstück; Ketschendorfer Straße 86, 96450 Coburg, Tel. 09561 8210, *wyndhamhotels.com*
- Villa Victoria: charmantes Biedermeier-Haus mit liebevoll eingerichteten Zimmern; Ketschendorfer Straße 2, 96450 Coburg, Tel. 0171 8552027, *hotel-villa-victoria.de*

24 Die Veste in Coburg

FRÄNKISCHE KRONE …

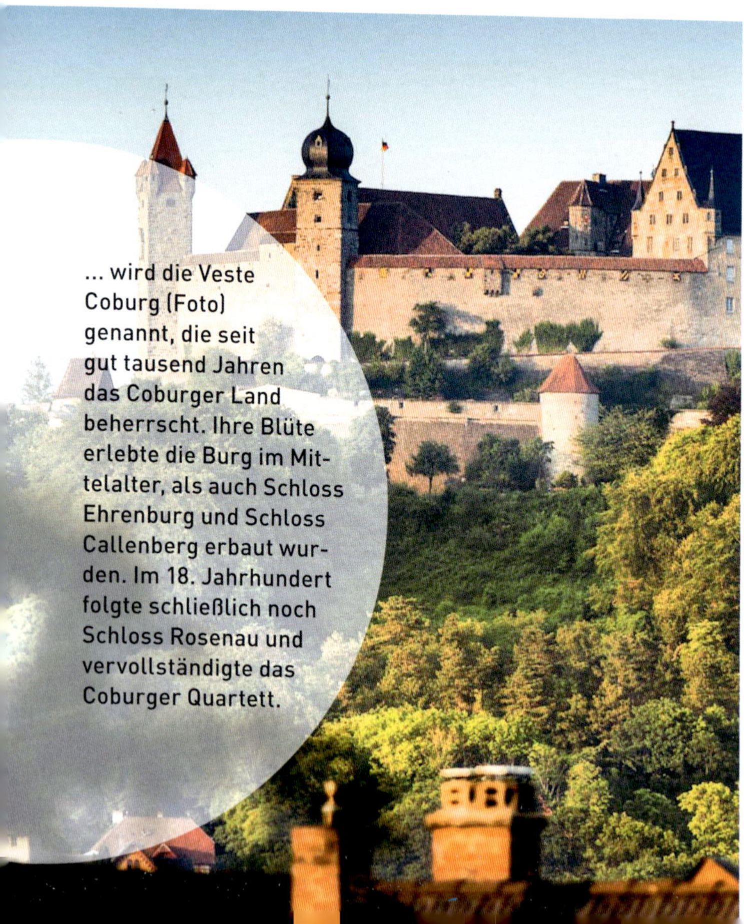

… wird die Veste Coburg (Foto) genannt, die seit gut tausend Jahren das Coburger Land beherrscht. Ihre Blüte erlebte die Burg im Mittelalter, als auch Schloss Ehrenburg und Schloss Callenberg erbaut wurden. Im 18. Jahrhundert folgte schließlich noch Schloss Rosenau und vervollständigte das Coburger Quartett.

„Wäre ich nicht, was ich bin, hätte ich hier mein wirkliches Zuhause“, hat Queen Victoria über Coburg gesagt. Nachdem sie ihren Albert geheiratet hatte, galten die beiden als erstes Traumpaar der britischen Monarchie. Der stattliche Prinz aus Coburg – „mit den schönen Beinen“, so Victoria – wurde auf der Insel zunächst zwar misstrauisch beäugt, eroberte aber mit Geschick, Diplomatie und Wissen bald die britischen Herzen und verankerte das Haus Sachsen-Coburg fest in Großbritannien. Im Ersten Weltkrieg nahm es den Namen Windsor an. Im Coburger Herzogtum verfuhr man gerne nach der Devise: Andere mögen Kriege führen, du, glückliches Coburg, heirate! Das Paar hatte neun Kinder, die nach dem gleichen Motto verfuhren und in viele europäische Königshäuser einheirateten. So waren Coburger Prinzen und Prinzessinnen mit fast allen bedeutenden Herrscherhäusern Europas verwandt und saßen auf den Thronen von Belgien, Bulgarien, Griechenland, Großbritannien, Hessen, Mexiko, Norwegen, Portugal, Preußen, Rumänien, Russland, Schweden und Spanien. Wer hätte das gedacht?

Als Victoria und Albert 1840 ihre Ehe besiegelten, war die Veste, die 160 Meter über dem Coburger Stadtzentrum thront, schon gut sechs Jahrhunderte alt. Sie gehört mit 135 mal 260 Metern zu den größten Burgen Deutschlands, ist einer der größten Anlagen aus der Stauferzeit und überschattet auch die Pracht dreier weiterer Herzogschlösser in und um Coburg. Drei Ringmauern, drei große Türme, zwei Höfe und vier Basteien: Dagegen sehen Callenberg, Ehrenburg und Rosenau natürlich deutlich kleiner aus … Anfang des 16. Jahrhunderts wurde die Veste zum Stammsitz der Herzöge

Jagdintarsienzimmer auf der Veste

von Sachsen-Coburg. 1506 residierten Lucas Cranach d. Ä. und 1530 Martin Luther, beide für jeweils sechs Monate, in der Veste. Heute beherbergt sie bedeutende Kunstsammlungen, darunter 35 Werke von Cranach, auch „Der Selbstmord der Lukretia", sowie Arbeiten von Albrecht Dürer und Matthias Grünewald. Außerdem sind einige der ältesten Kutschen der Welt zu sehen, historische Waffen, Folterinstrumente und venezianische Gläser.

Die Ehrenburg und ...

Im Zentrum von Coburg ist es die Ehrenburg, die zusammen mit dem Landestheater den Schlossplatz dominiert. Um 1550, gleich nach Fertigstellung des Schlosses, zog Herzog Johann Ernst von Sachsen-Coburg, der den Bau verfügte, samt Hofhaltung von der Veste auf dem Burgberg hinab in die Stadt. Auch Queen Victoria nächtigte in diesem Schloss, wenn sie in Coburg war. Auf ihren Wunsch hin wurde in Schloss Ehrenburg eines der ersten Wasserklosetts in Kontinentaleuropa eingebaut und ein handbetriebener Aufzug, als die Monarchin schon etwas altersschwach war. Walzer-König Johann Strauss heiratete in der Schlosskapelle zum dritten Mal.

... Schloss Callenberg

Schloss Callenberg, das Jagd- und Sommeranwesen der Herzöge von Sachsen-Coburg im heutigen Stadtteil Beiersdorf, wurde ebenfalls von Königin Victoria besucht: „Ein wenig steil, der Weg zum Schloss Callenberg, aber dort erwartet mich ein guter Tee in einer herrlichen Umgebung", sagte die Queen of England über das Anwesen aus dem 13. Jahrhundert.

Schloss Rosenau am Stadtrand, am Flüsschen Itz in Rödental gelegen (siehe Tipp 26), gehörte sogar zu den Lieblingsorten der Queen, wohl auch weil dort 1819 ihr Mann, Prinz Albert, geboren wurde. Den eingangs zitierten Satz hat die Königin auf Schloss Rosenau gesagt. Prunkstück des Anwesens ist der Marmorsaal, in dem Albert getauft wurde.

Coburg ist erst seit 1920 bayerisch – und zwar durch einen Volksentscheid, weil Bayern den Coburgern einige Zugeständnisse und Vorteile versprach. So verlor Thüringen also nicht nur Coburg, sondern auch die große Veste, drei Schlösser und im nahen Ahorn in welliger Hügellandschaft auch noch die Schlösser Ahorn und Hohenstein.

Info

Lage: Coburg liegt 110 Kilometer nördlich von Nürnberg.

Auskunft: Veste Coburg 1, 96450 Coburg, Tel. 09561 8790, *kunstsammlungen-coburg.de*

Museen: *kunstsammlungen-coburg.de, schloesser-coburg.de*

Restaurants:

- Burgschänke: rustikales Wirtshaus in der Veste, mittelalterliche Bankette; Veste Coburg 1, 96450 Coburg, Tel. 09561 2343194, *burgschaenke-veste-coburg.de*
- Parkrestaurant: gute deutsche Küche im Schloss Rosenau; Rosenau 5, 96472 Rödental, Tel. 09563 1242, *parkrestaurant-rosenau.de*

Unterkünfte:

- Ringhotel Stadt Coburg: Drei-Sterne-Zimmer, Restaurant; Lossaustraße 12, 96450 Coburg, Tel. 09561 8740, *hotel-stadt-coburg.de*
- Alte Mühle: schönes Mittelklasse-Hotel mit Restaurant; *Mühlgarten 5, 96472 Rödental, Tel. 09563 72380, alte-muehle-hotel.com*

25 Bratwürste aus Coburg

ES GEHT UM DIE WURST

Die Broudworschd ist ohne Frage das kulinarische Aushängeschild der Coburger. Einst hatte sie die Länge von stattlichen 31 Zentimetern. Gegrillt wird sie bis heute über Kiefernzapfen und gegessen ohne Senf. Doch neben der Wurst gibt es in Coburg auch noch wunderbare Rutscher und honigsüße Schmätzchen ...

Die Länge des Marschallstabs des heiligen Mauritius (siehe Tipp 23) war das offizielle Bratwurstmaß in Coburg: 31 Zentimeter. Der Stab ist am Rathausgiebel zu sehen. Und vom Bratwurstbudenwagen auf dem Marktplatz davor gibt es die Broudwärschd perfekt vom Grill, wo sie von den Kiefernzapfen im Feuer ihr unwiderstehliches Aroma bekommen. Man isst sie ohne Senf. „Wer an Senf nimmt, dem schmeckt's ned", sagt der Verkäufer im Bratwurstwagen. In vielen Wirtshäusern der Stadt hält man sich allerdings leider nicht mehr an so manche Tradition. Da sind zehn Zentimeter weniger eher die Regel als die Ausnahme und auch mit dem Aroma von Kiefernzapfen hält man sich nicht auf, wenn es doch in der Pfanne viel schneller geht als auf dem Grill …

Mauritius mit Marschallstab

Sieben, 31 oder hundert: Die Zahlen beziehen sich auf unterschiedliche Zentimeterangaben und weisen gleichzeitig auf einen inoffiziellen Wettbewerb zwischen Nürnberger, Coburger und Sulzfelder Bratwürsten hin, sozusagen das jeweils Beste, was Mittel-, Ober- und Unterfranken an Bratwürsten zu bieten hat. Die Nürnberger sind zwar klein, aber weltbekannt, die Coburger vielleicht geschmacklich die Besten und die Sulzfelder in jedem Fall die Längsten. Doch haben die Franken die Bratwurst auch erfunden? Der Würzburger Heinrich Höllerl, seines Zeichen Bratwurstforscher – auch das gibt es … –, glaubt, dass die Bratwurst keltischen Ursprungs ist und von den Franken kultiviert wurde. Immerhin datiert die erste Erwähnung einer Bratwurstküche aus dem Jahr 1313: Da ist von der Wirtschaft „Zur blauen Glocke" in Nürnberg die Rede. Majoran, Muskat, Salz und Pfeffer sind fast überall die wichtigsten Gewürze, die dem Schweinefleisch beigemengt werden. Mit Rinds- und Kalbsbratwürsten haben es die Franken nicht so sehr. Gerne werden aber Blaue Zipfel gegessen, das sind kalte, in Essigsud gegarte Bratwürste, die mit viel Zwiebeln aufgetischt werden.

Evangelischer Schnitt mit Senf

Die Reformation ging auch an der Fränkischen Bratwurst nicht spurlos vorüber. Denn es gibt die feinen katholischen und die groben evangelischen Bratwürste. Woher der Unterschied kommt, weiß kein Mensch. In Coburg gibt es sogar den evangelischen Schnitt: Da wird das Brötchen nicht quer aufgeschnitten, sondern von oben eingeschnitten, um die Wurst dort einzubetten.

Einbetten sollte man auch die Coburger Rutscher, die handgemachten Kartoffelklöße, die so weich sind, dass sie auf dem Teller fast zerfließen oder eben davon rutschen. 1854 wird der Rutscher im ersten Coburger Kochbuch von Christian Oehm, dem Küchenmeister des Erbprinzen von Sachsen-Coburg, erstmals schriftlich erwähnt. Und heute heißt das fränkische Lebensmotto: „Kloß mit Soß. So wern die Kinner (Kinder) groß". Tatsächlich fehlt auf kaum einer Coburger Speisekarte mit fränkischen Köstlichkeiten der Kloß mit Soß, auch wenn die Erwachsenen gerne Rindfleisch mit Meerrettichsoße oder fränkischen Schweinebraten dazu nehmen. Auch Sauerbraten oder Rinderroulade passen bestens dazu. Ein Rutscher besteht aus zwei Dritteln gekochten und einem Drittel roher Kartoffeln: Diese Mischung macht ihn so sämig – und rutschig. Probieren kann man ihn in jedem Coburger Restaurant mit fränkischer Küche und Anfang September auf dem Klößmarkt am Marktplatz mit Livemusik.

Coburger Rutscher

Auf Deftiges folgt in Coburg zum Naschen ein Schmätzchen, ein Honiggebäck, das schon Queen Victoria gemocht haben soll und ein naher Verwandter der Gewürzplätzchen ist. Wilhelm Feyler, der in seiner Bäckerei und Lebkuchenmanufaktur besonders auf die Qualität der Rohstoffe achtete, wurde für seine Schmätzchen 1907 zu einem von rund 20 Hoflieferanten erkoren. Einige dieser Hoflieferanten existieren noch heute und werden meist von den Nachfahren der Gründer geführt. Auch die Konditorei Feyler gibt es noch.

Honiggebäck

Info

Lage: Coburg liegt 110 Kilometer nördlich von Nürnberg.

Auskunft: Herrngasse 4, 96450 Coburg, Tel. 09561 898000, *coburgmarketing.de*

Aktivitäten: Stadtrundgang Coburg kulinarisch und Hörspaziergänge mit App, beides *coburgmarketing.de*

Event: Klößmarkt, *coburg.de*

Einkaufen: *feyler-lebkuchen.de*

Museum: Glasmuseum, *kunstsammlungen-coburg.de*

Restaurants:

- Loreley: Dort gibt es Bruudworschd mit Schnitzel; Herrngasse 14, 96450 Coburg, Tel. 09561 7958242, *coburg-loreley.de*
- Traditionell über Kiefernzapfen gebratene Coburger Bratwürste im Brötchen mit evangelischem Schnitt, jeden Tag von der fahrbaren Bude auf dem Marktplatz

Unterkunft:

- Goldener Anker: geräumige, moderne Zimmer, Steakhouse, Sportsbar; Rosengasse 14, 96450 Coburg, Tel. 09561 55700, *goldener-anker.de*

26 Rödental

DIE JUNGE STADT

1971 wurde Greenpeace gegründet und der Assuan-Staudamm fertig gestellt, Joe Frazier gewann den Box-Weltmeistertitel gegen Muhammad Ali, Vitali Klitschko wurde da erst geboren. Und in Oberfranken entsteht Rödental ...

Gutshof in Rödental

Sie heißen Einberger, Mönchrödner oder Fischbacher und sie sind doch alle Rödentaler, denn Rödental wurde erst zum 1. Januar 1971 gegründet. Eine Gemeindegebietsreform machte es möglich, dass sich die Gemeinden Einberg, Kipfendorf, Mönchröden, Oeslau, Rothenhof und Unterwohlsbach an diesem Tag freiwillig zusammenschlossen. Bis 1978 folgten zehn weitere Gemeinden, darunter die der Fischbacher. Die Stadtrechte erhielt Rödental 1988 durch den Freistaat Bayern.

St. Marien

Die Einberger haben sogar ihre eigene Schweiz, die Einberger Schweiz, ein ausgedehntes Waldgebiet mit markanten Felspartien, Schluchten und dem 406 Meter hohen Kieferberg. Am nahen Froschgrundsee staunt man über die größte freitragende Bogenbrücke Europas. Und kulturell sticht Schloss Rosenau aus

Schloss Rosenau

dem 15. Jahrhundert heraus: ein repräsentatives Schloss im neugotischen Stil nach Plänen von Karl Friedrich Schinkel. Es gehört zu den Herzogsschlössern des Hauses Sachsen-Coburg, in dem 1819 Prinz Albert geboren wurde, der spätere Ehemann von Königin Victoria von Großbritannien (siehe Tipp 24). Seit 1972 gehören Schloss und Park dem Freistaat. Darin befindet sich heute auch das Glasmuseum: Neben Gebrauchsglas sind Skulpturen und Installationen aus Glas zu sehen. Eine Glastreppe führt ins Obergeschoss zu Sonderausstellungen.

Fachwerk

Die Lauterburg hingegen ist nur noch eine Schlossruine im Stadtteil Oberwohlsbach. 1635 wurde sie von 25 Reitern und 20 Musketieren der kaiserlichen Truppen gestürmt, eingenommen und niedergebrannt. Notdürftig wurde sie wieder als Jagdschloss im Rokoko-Stil aufgebaut, doch Erbstreitigkeiten und Witterung ließen sie nach und nach wieder verkommen. So wurde die Lauterburg schließlich als Steinbruch verwendet. Nur das Tonnengewölbe im Keller blieb teilweise erhalten.

Froschgrundsee

Lage: Rödental liegt nordwestlich von Coburg.

Auskunft: Bürgerplatz 1, 96472 Rödental, Tel. 09563 960, *roedental.de*

Museum: *glasmuseum.kunstsammlungen-coburg.de*

Einkaufen: Wochenmarkt (Mittwoch vormittags)

Restaurant:

- Gasthof Sauerteig: Gans, Wildschwein, Forelle, Karpfen, schöne Zimmer; Oeslauer Straße 100, 96472 Rödental, Tel. 09563 1220, *gasthof-sauerteig.de*

Unterkunft:

- Brauhotel Grosch: 3-Sterne-Zimmer, gutes Restaurant; Oeslauer Straße 115, 96472 Rödental, Tel. 09563 7500, *der-grosch.de*

Kronach

Auf der Festung Rosenberg

Kronach

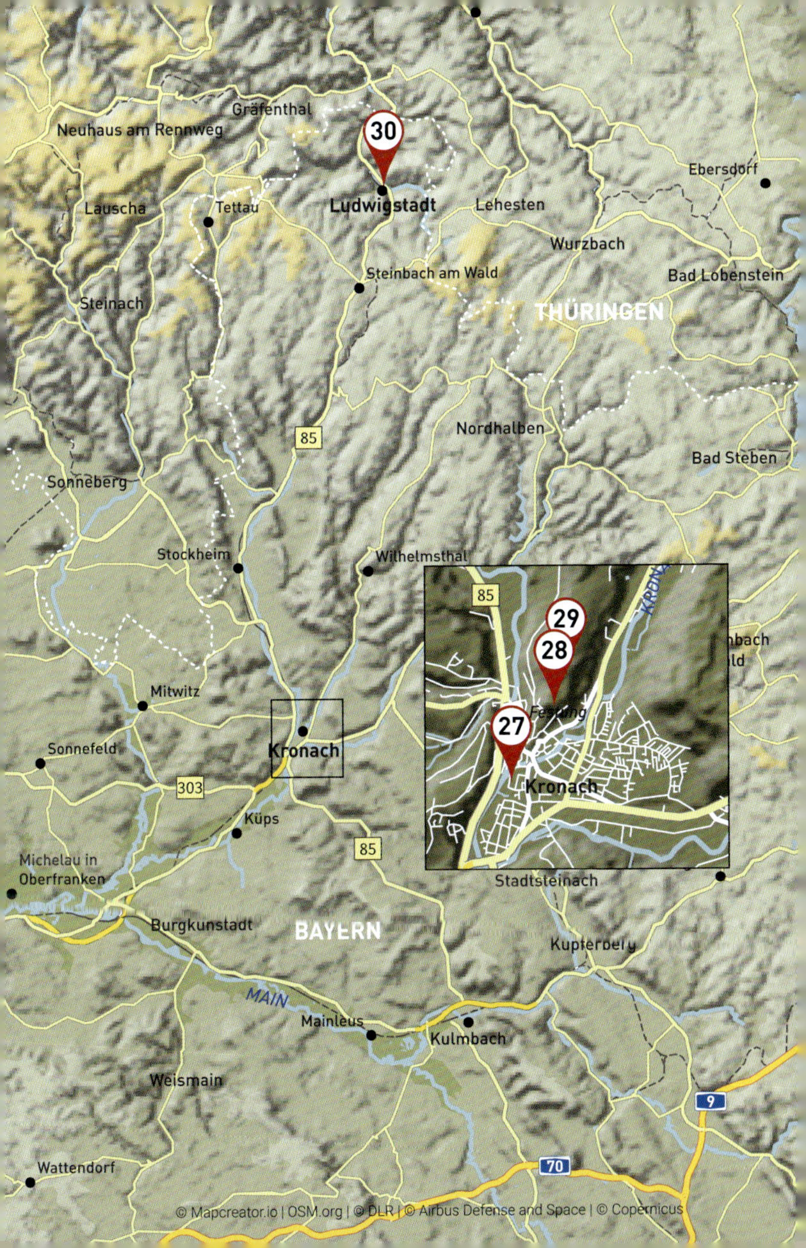

Gräfenthal
Neuhaus am Rennweg
30
Ludwigstadt
Lehesten
Ebersdorf
Lauscha
Tettau
Wurzbach
Steinbach am Wald
Bad Lobenstein
Steinach
THÜRINGEN
85
Nordhalben
Bad Steben
Sonneberg
Stockheim
Wilhelmsthal
Mitwitz
Sonnefeld
Kronach
303
Küps
85
29
28
27
Festung
Kronach
Michelau in Oberfranken
Stadtsteinach
Burgkunstadt
BAYERN
Kupferberg
MAIN
Mainleus
Kulmbach
Weismain
9
Wattendorf
70
© Mapcreator.io | OSM.org | © DLR | © Airbus Defense and Space | © Copernicus

27 Kronach

IN DIE UNTERE UND OBERE STADT

Mehr als tausend Jahre ist Kronach alt. Die fünfeckige Festung Rosenberg wurde in der ganzen langen Zeit nie eingenommen, was auch für die Stadt galt! Heute ist die Obere Stadt ein von einer fast vollständig erhaltenen Stadtmauer umgebenes Ensemble-Denkmal.

Kronich nennen die Kronacher ihre Stadt. „Kronach.aktuell" heißt die Gratis-Info-Broschüre der Verwaltung. Doch ihre historische, spätmittelalterliche Altstadt sprechen sie dialektfrei aus: Obere Stadt. Sie liegt auf einem Bergsporn und beheimatet Kopfsteinpflastergassen und Sandsteinhäuser, Schiefer- wie Fachwerkbauten. Liebevoll restaurierte Häuser, Brunnen, Wappen und Figuren prägen das Bild ebenso wie verträumte Plätze und Winkel. Man macht quasi eine Zeitreise mit Toren und Türmen durch dieses städtebauliche Kleinod zwischen Festung Rosenberg (siehe Tipp 28) und der Unteren Stadt: ein Ensemble-Denkmal, das von einer fast vollständig erhaltenen, mächtigen Stadtmauer umgeben ist. Herausragend sind dabei das schnuckelige Bamberger Tor und vier Stadtmauertürme. Hinter dem Mauerring fühlten sich die Kronicher wohl und sicher.

Der Marktplatz des 17.000-Einwohner- und Drei-Flüsse-Städtchens mit Rodach, Haßlach und Kronach ist das Zentrum der Oberen Stadt. Das Historische Rathaus, 1583 erbaut, bietet einen Festsaal und die ehemalige Markthalle. Am Marktplatz 5 befindet sich, dort wo früher das Geburtshaus von Lucas Cranach

Marktplatz

(Tipp 29) stand, das neue Rathaus der Stadt Kronach sowie ein Denkmal des Malers, der um 1472 in Kronach geboren wurde und heute zu den bedeutendsten deutschen Künstlern der Renaissance gezählt wird.

Bamberger Tor

Dominiert wird die Altstadt von der gotischen Stadtpfarrkirche St. Johannes, die an ihrer Nordseite das wohl schönste fränkische Kirchenportal dieser Zeit besitzt. Hans Beheim soll der Schöpfer gewesen sein. Auch das von Johann Dientzenhofer errichtete städtische Spital von 1718 mit der gotischen Spitalkirche ist einen Blick wert. Es entstand erstmals gegen Ende des 14. Jahrhunderts und diente ursprünglich als Herberge für mittellose Durchreisende und ab dem 15. Jahrhundert der Unterbringung und Pflege alter und kranker Bürger.

Im Süden der Altstadt liegt der Landesgartenschau-Park: Aus einer Industriebrache wurde ein farbenfrohes und lebendiges Parkjuwel zu Füßen der Festung Rosenberg. Noch in den 1990er-Jahren bildete das Gelände einen innerstädtischen Problembereich mit einem unansehnlichen Gewerbegebiet und massiven Umweltproblemen. Damit aus diesem belasteten Areal ein attraktiver Lebens- und Naturraum werden konnte, schulterte die Stadt für das Jahr der Landgartenschau 2002 eine der größten Altlastensanierungen, die in Bayern je durchgeführt wurden. Das Ergebnis kann sich sehen lassen: Der Park wurde zu einem Beispiel für nachhaltige ökologische Entwicklung und eine grüne Oase mit Seebühne, Sportanlagen, Abenteuerspielplatz, Ruheflächen. Und am Eingang überrascht Waterfire: eine zehn Meter hohe Video-Freilichtskulptur mit 30 Fernsehmonitoren, die auf der einen Seite ein loderndes Feuer und auf der anderen einen Wasserfall zeigen. Nach dem Künstler Fabrizio Plessi wird die

Installation auch Plessi-Turm genannt. Lange Zeit waren allerdings alle Stecker gezogen. Doch seit 2022 ist das Kunstwerk wieder vollumfänglich zu bestaunen.

Sonntagskonzerte der Musikvereine aus Stadt und Landkreis sowie der Skulpturenpark geben dem Landesgartenschau-Park ebenfalls eine kulturelle Note. Von den 16 Kunstwerken stammen zwölf Skulpturen von den Sandsteintriennalen des Kronacher Kunstvereins. Sie erreichen Höhen von bis zu elf Metern.

Bevor man sich über die Wolfsschlucht hinauf zur Festung begibt, sollte man vielleicht zunächst noch durch die enge Pottu-Gasse in die Untere Stadt gehen. Auch dort säumen malerische Fachwerkhäuser und hübsche Sandsteinbauten die Straßen und Gassen rund um die Spitalkirche St. Anna, das ehemalige Oblatenkloster und die Kronacher Synagoge. Zahlreiche Brücken über die drei Flüsse Rodach, Haßlach und Kronach lassen die Leute ohne Umwege ans Ziel kommen. Insgesamt gesehen und im Vergleich wirkt die Untere Stadt weitläufiger und durch die vielfältige Geschäftswelt auch lebendiger.

Die Flüsse waren einst die Grundlage des wirtschaftlichen Erfolgs: Handwerk und Gewerbe nutzten die Wasserkraft und schon im Mittelalter war Kronach ein Zentrum der Holzflößerei. 1386 wurde sie erstmals urkundlich erwähnt. Waldreichtum und die vielen Wasserläufe boten beste Voraussetzungen für den Holzhandel und den Holztransport zu Wasser in das Main- und Rheingebiet. Sogar Amsterdam steht zum Teil auf Pfählen aus Frankenwald-Holz. Heute kann man auf der Rodach feuchtfröhliche Floßfahrten in der Kronacher Umgebung machen.

Kronach von oben

Außerdem ist im Umland beachtenswert: In Fröschbrunn kann man sich auf eine Sommerrodelbahn freuen. Der Ölschnitzsee lockt zum Baden. In Steinbach am Wald steht ein acht Meter hoher Obelisk aus Glasscheiben, der nachts von innen beleuchtet wird. Das schöne Wasserschloss Mitwitz ist ebenfalls ein beliebtes Ausflugsziel. Und der 18 Meter hohe Lucas-Cranach-Turm auf dem 496 Meter hohen Kaltbucher Knock zwischen Kronach und Weißenbrunn bietet herrliche Blicke auf das Umland.

Der Clou ist aber schlussendlich eine Sauna: Gibt es das? Saunieren, wo man will? Und wann und wie oft? Wer sich in der Umgebung von Kronach befindet, der kann sich eine mobile Sauna an den Ort seiner Wahl bestellen. Der Mietpreis beinhaltet Holz für vier bis sechs Stunden, Saunaöl sowie Lieferung, Abholung und Reinigung. Die zwei Meter lange, zwei Meter hohe und 2,25 Meter breite Sauna bietet Platz für bis zu sechs Personen. Die Mietdauer geht von 15 bis neun Uhr am Folgetag: ein ganz persönliches Wellnesserlebnis.

Info

Lage: Kronach liegt etwa 130 Kilometer nördlich von Nürnberg.

Auskunft: Marktplatz 5, 96317 Kronach, Tel. 09261 97236, *kronach.de*

Aktivitäten: mobile Sauna, *kronacher-mietsauna.de*; Floßfahrten, *floesserverein-neuses.de* und *flossfahrt-wallenfels.de;* Sommerrodelbahn, *froeschbrunna.de/coaster*

Museum: zeitgenössische Kunst, *kunstverein-kronach.de*

Unterkünfte:

- Pfarrhof: vier Sterne, Gebäude aus dem 15. Jahrhundert, das erst 2003 zu einem modernen Hotel mit Marmorbädern umgebaut wurde; Amtsgerichtsstraße 12, 96317 Kronach, Tel. 09261 504590, *stadthotel-pfarrhof.de*
- Hotel Wasserschloss: Besonders schön wohnt man fünf Kilometer westlich in diesen modernen und behaglichen Zimmern, Wellness-Bereich mit zwei Saunen, Restaurant mit Ritteressen; Freiherr-von-Würtzburg-Straße 14, 96268 Mitwitz, Tel. 09266 9670, *hotel-wasserschloss.de*
- Pension Schmidt: Zimmer und Wohnmobilstellplätze; Wötzelsdorf 13, 96317 Kronach, Tel. 09261 94810, *gasthof-schmidt.de*

28 Festung Kronach

NIE BEZWUNGEN, NIE EROBERT

Eine der besterhaltenen, schönsten und größten Festungsanlagen Deutschlands, ja sogar Europas, erhebt sich als Bollwerk mit mächtigen Bastionen und dem Dicken Turm über die Obere und Untere Stadt von Kronach: die fünfeckige Festung Rosenberg (im Foto), die ihren Namen vom 378 Meter hohen Rosenberg bekam.

Was ist eine Kasematte? Kann man eine Kanonenkugel allein heben? Wie war das Leben auf einer Festung im Mittelalter überhaupt? Hier das Himmelbett in der Schlafkammer, dort der Strohsack im Stall: Der Unterschied zwischen Kommandantengattin und Pferdeknecht wurde gerade beim Wohnen deutlich. In der Dauerausstellung „Festungen – Frankens Bollwerke" werden diese und weitere spannende Fragen an einem Originalschauplatz beantwortet: direkt auf der Festung Rosenberg. Und bei einer Festungsführung entdeckt man Wallgräben und unterirdische Gänge, erklimmt die Bastionen und staunt über die Kasematten, den vor Artilleriebeschuss geschützten Gewölben im Festungsbau.

Die fünfeckige Festung Rosenberg – eine der schönsten und größten Festungsanlagen in Europa – wurde nie gewaltsam eingenommen. Für den Festungsbau war die Form des Bastionsfünfecks wegweisend: Massive Wallmauern widerstanden dem Beschuss und von den vorspringenden Bastionen aus konnten die Verteidiger jeden Angreifer treffen. Die Schweden versuchten im Dreißigjährigen Krieg mehrfach, Rosenberg einzunehmen, hatten aber keinen Erfolg. Einer der nordischen Angreifer soll gesagt haben: „Die Kronacher kämpfen wie die Teufel, aber ihre Weiber sind neunmal schlimmer!" Deshalb gedenkt man am Schwedensonntag mit einer Prozession zur Festung Rosenberg der „tapferen Weiber von Kronach", die laut Überlieferungen maßgeblich zum Sieg beitrugen.

Zunächst steht man vor dem eindrucksvollen frühbarocken Festungstor, das eingebettet ist zwischen zwei Bastionen: St. Kunigunde und St. Heinrich. Zu den weiteren Verteidigungsanlagen zählten drei weitere Bastionen, eine Zugbrücke, zwei starke Holztore, eines davon zum Schutz vor Feuer eisenbeschlagen, ein Fallgatter sowie Wurferker und Schießscharten. Die steinernen Bastionen imponieren durch ihr trutziges Buckelquaderwerk und ihre gewaltige Höhe mit bis zu 14 Meter dicken und bis zu 25 Meter hohen Mauern. Den Bergfried und die innere Festung mit sieben Wehrtürmen trennt ein gewaltiger Wallgraben vom äußeren Ring

In der Festung

Der Nachtwächter

mit den Bastionen. Die Große Wallbrücke ist die Verbindung zu diesem äußeren, bastionären Befestigungsring. Ein weiterer Graben zieht sich um die gesamte Festung. Durch die intelligente Anlage des Torganges mit einem Knick konnten direkte Durchschüsse verhindert werden. Einziger Zugang zum Burgkern war das Spitaltor im Fürstenbau, dem Ostflügel der Anlage, in der sich heute ein Hotel befindet.

Der Bergfried stammt aus dem 13., die übrigen Gebäude aus dem 14. und 18. Jahrhundert. Die vierseitige Kernburg wurde von 1730 bis 1733 von Barockbaumeister Balthasar Neumann verändert. Der Südflügel der Kernburg beherbergte ursprünglich die Schlosskapelle, wurde aber im 18. Jahrhundert zu einem barocken Kasernengebäude umgestaltet. Die repräsentativen Räume sind nun die Heimat der Fränkischen Galerie, die Werke von Lucas Cranach (siehe Tipp 29) oder Tilman Riemenschneider zeigt. Außerdem gehören zum Inneren der Burg das Pulvermagazin, das Zeug- und Provianthaus.

Kaum verwunderlich: Die Festung Rosenberg ist das Wahrzeichen der Stadt Kronach. Den höchsten Besuch hatte die Festung 1806, als Napoleon Bonaparte in Kronach Station machte. 1802 kamen Kronach und seine Festung Rosenberg an Bayern, weshalb 1806 der französische Kaiser als Koalitionspartner Bayerns gegen Preußen von Kronach aus den Angriffsbefehl gegen Preußen gab und den Feldzug eröffnete.

Erst 1867 verlor Rosenberg seine Festungseigenschaft. Daraufhin kaufte die Stadt Kronach für 32.000 Mark die Bauten und das gesamte Areal. Sie sind noch heute im Besitz der Stadt. Während des Ersten Weltkriegs diente Rosenberg als Offiziers-Gefangenenlager, in dem auch der spätere französische Staatspräsident Charles de Gaulle einsaß.

Info

Lage: Kronach liegt etwa 130 Kilometer nördlich von Nürnberg.

Auskunft: Marktplatz 5, 96317 Kronach, Tel. 09261 97236, *kronach.de*

Aktivitäten: Burgführungen, *kronach.de*

Event: Schwedensonntag, erster Sonntag nach Fronleichnam

Museum: Fränkische Galerie, *bayerisches-nationalmuseum.de*

Restaurant:

- Bastion Marie: im Burgareal, gehobene internationale Küche, wunderschöner Biergarten mit Blick auf Kronach; Festung 1, 96317 Kronach, Tel. 09261 500700, *knut-events.de/#c2610*

Unterkunft:

- Jufa-Hotel: 3-Sterne-Herberge mitten in der Burg, recht kleine, aber hübsche, moderne Zimmer, Festung 1, 96317 Kronach, Tel. 09261 9108080, *jufahotels.com/hotel/kronach*

29 Cranach in Kronach

AMOR ALS HONIGDIEB

Inspiration ist eine Grundlage in der Kunst, Talent eine andere. Lucas Cranach d. Ä. hatte Talent, lernte bei seinem Vater das Zeichnen. Glaubt man der Chronik, ließ sich Cranach aber auch von so manchem frisch gezapften Bier inspirieren. Die Brautradition in der Oberen Stadt begann schließlich bereits im Mittelalter. Bis ins 17. Jahrhundert war das Bierbrauen übrigens fest in der Hand der Kronacher Frauen, die sich ja auch während des Dreißigjährigen Kriegs wie Männer im Gefecht bewährten.

Weit mehr als tausend Werke sind von Lucas Cranach erhalten. Seine Geburtsstadt Kronach besaß jedoch viele Jahre lang kein einziges Gemälde von ihm. Aber das hat sich inzwischen glücklicherweise geändert. Lucas Cranach wird schließlich neben Albrecht Dürer als bedeutendster Maler der deutschen Renaissance gesehen.

Der bedeutende Maler wurde 1472 in Kronach geboren, hieß bei der Geburt Maler mit Nachnamen, blieb der Stadt knapp 30 Jahre lang treu und nannte sich später sogar nach seiner Heimatstadt. Heutzutage wird Lucas Cranach neben Albrecht Dürer als bedeutendster Maler der deutschen Renaissance gesehen. Als Hofmaler der sächsischen Kurfürsten war er bei papsttreuen wie lutherischen Zeitgenossen hochgeschätzt. Allerdings begann seine große Karriere erst, als er Kronach verließ und sich in Wien und Wittenberg neue Perspektiven aufta-

Im Cranach-Saal

ten. Sein Schaffen blieb in Kronach lange unbekannt. Über Jahrhunderte fand sich in Cranachs Geburtsstadt kein eigenhändiges Werk des Malers. Diese Zeiten sind allerdings längst vorbei. Große Jubiläumsfeste, Sonderausstellungen sowie eine grundlegende Modernisierung des Museums 2014 rückten den Maler in seiner Heimatstadt ins rechte Licht. Seitdem existiert ein eigener Cranach-Raum mit zahlreichen eigenhändigen Werken: Unter anderem die Arbeiten mit für die damalige Zeit durchaus provozierenden Namen wie „Christus und die Ehebrecherin" (1520) oder „Venus mit Amor als Honigdieb" (1534). Insgesamt zählen zum Ausstellungsbestand des Museums 220 Meisterwerke der Malerei und Skulptur aus der Spätgotik und Frührenaissance.

„Venus mit Amor als Honigdieb"

Info

Lage: Kronach liegt etwa 130 Kilometer nördlich von Nürnberg.

Auskunft: Festung 1, 96317 Kronach, Tel. 09261 97236, *kronach.de*

Museum: Fränkische Galerie, 1000 Quadratmeter Ausstellungsfläche, interaktive Festungsausstellung und Sonderausstellungen; *bayerisches-nationalmuseum.de/besuch/zweigmuseen/fraenkische-galerie*

Restaurant und Unterkunft: in der Burg siehe Tipp 28 und in der Stadt siehe Tipp 27

30 Ludwigsstadt

OHRFEIGE MIT FOLGEN

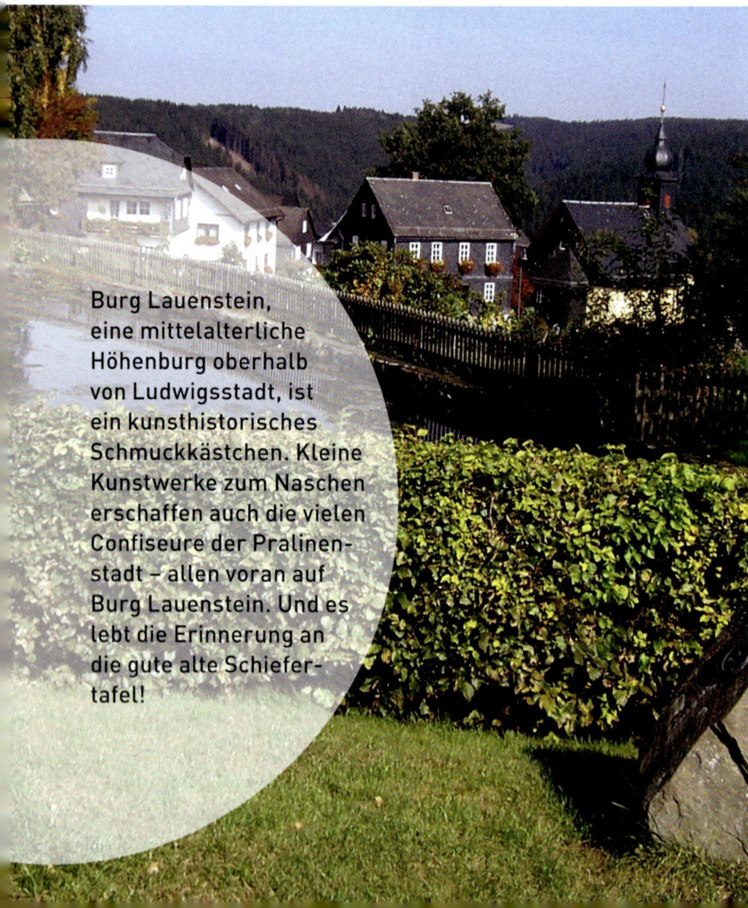

Burg Lauenstein, eine mittelalterliche Höhenburg oberhalb von Ludwigsstadt, ist ein kunsthistorisches Schmuckkästchen. Kleine Kunstwerke zum Naschen erschaffen auch die vielen Confiseure der Pralinenstadt – allen voran auf Burg Lauenstein. Und es lebt die Erinnerung an die gute alte Schiefertafel!

Burg Lauenstein

Stolz und mächtig thront die Schieferburg Lauenstein im gleichnamigen Ortsteil über Ludwigsstadt. Mantelburg nennen sie die Einheimischen, weil einer Sage nach um das Jahr 915 alles, was König Konrad I. am Tage erbauen ließ, über Nacht wieder eingerissen war. Da hieß es schnell, der Teufel habe seine Finger im Spiel. Um den Fluch zu bannen, riet ein Hellseher dem Herrscher, seinen Königsmantel zu zerreißen und aus diesem ein langes Seil zu drehen, das er in einem Kreis um die Bergspitze legen sollte. Als der König dies tat, wuchs die Burg empor.

Bis weit ins 19. Jahrhundert hinein ging die Burg durch etliche Hände. Schon fast verfallen, erwarb sie 1896 der Burgromantiker Erhard Messmer, um sie nach dem Vorbild der Wartburg bei Eisenach herzurichten. Im Zweiten Weltkrieg zog der Nazi-Geheimdienst ein und verwandelte die Burg in ein Experimentierlabor wie aus den James-Bond-Filmen: Es ging um die Fälschung von Pässen, die Herstellung von Geheimtinten und Mikrokameras. Seit 1962 gehört das Schmuckstück dem Freistaat Bayern und ist mit mehr als 20 Schauräumen ganzjährig geöffnet.

Das Logo der Burg mit ihren vielen Zinnen und Türmen trägt auch noch ein anderes Schmuckkästchen auf seiner Verpackung. Die „Confiserie Burg Lauenstein" präsentiert in ihren Holz- und Samtkästchen erlesene, handgefertigte Pralinen- und Trüffelspezialitäten. Die Pralinengeschichte des Ortes begann 1964 in der Fischbachmühle am Fuße der Lauensteiner Burg, als sich ein Berliner Konditor in die Müllerstochter verliebte und beschloss, Pralinen herzustellen. Bis heute arbeitet man in der Produktion nur mit hochwertigen Rohstoffen, ohne künstliche Farbstoffe oder Konservierungsmittel.

In der gläsernen Manufaktur, die heute in der Fischbachmühle untergebracht ist, kann man den Confiseuren bei der Herstellung der Preziosen zusehen und bei einem Pralinenseminar Handgriffe lernen, die für gewöhnlich nirgends aufgeschrieben sind. Wer bei den vielen Leckereien nicht widerstehen kann, hat im hauseigenen Café an der längsten Pralinentheke Oberfrankens die Wahl aus einem Sortiment von mehr als 300 Pralinen- und Schokoladenvariationen. Riesige Maschinenstrecken, in denen die Produkte im Schnellverfahren ausgestoßen werden, gibt es deshalb trotzdem nicht, selbst wenn aus der regionalen Manufaktur längst eine internationale Confiserie geworden ist, die ihre Köstlichkeiten bis in die USA und nach Japan verkauft.

Jede Praline ist ein kleines Kunstwerk, das nach sorgfältiger Handarbeit und Liebe zum Detail verlangt. Dabei ging ihre Erfindung in Frankreich eigentlich auf einen Unfall zurück. Einem Küchenjungen war 1671 eine Schüssel geschälter Mandeln auf den Boden gefallen, wofür er sich vom Koch eine Ohrfeige einfing. Im Eifer des Gefechts war dem Koch dabei sein Pfännchen mit heißem gebranntem Zucker über die Mandeln gefallen. Die Zucker-Mandel-Masse, die man nun unter Zeitdruck als Dessert servierte, mundete dem Feinschmecker Marschall du Plessis-Praslin vorzüglich und so wurde er Namensgeber der Praline.

Lauensteiner Pralinen

Beim zweiten Ludwigsstädter Exportschlager gingen die Lieferungen nach Osteuropa, Asien, Amerika und Afrika. Gut ein Drittel des Weltmarktes wurden aus Oberfranken bedient: Auf der Ludwigsstädter Schiefertafel lernte die Welt das Schreiben. Erst die Einführung von Papierheften in den 1960er-Jahren beendete die Ära der Schiefertafeln. 1989 schloss die letzte Schiefertafelfabrik in Ludwigsstadt ihre Pforten. Aber das Deutsche Schiefertafelmuseum hält die Erinnerung an die Schiefer(tafel)zeit wach. Denn auch die schiefergedeckten Häuser sind bis heute allgegenwärtig und prägen das Erscheinungsbild vieler oberfränkischen Orte.

Schiefertafelmuseum

Info

Lage: Ludwigsstadt liegt etwa 33 Kilometer nördlich von Kronach.

Auskunft: Lauensteiner Straße 1, 96337 Ludwigsstadt, Tel. 09263 9490, *ludwigsstadt.de*

Event: Mittelalter-Burgfest jedes zweite Jahr im Juni

Museen: *schiefermuseum.de*; Museum zur innerdeutschen Grenze in der Thüringer Warte bei Lauenstein, früher das Fenster zu DDR

Einkaufen: Pralinen und Schokolade, *lauensteiner.de* und *confiserie-bauer.de*

Restaurants:

- Torpeter: Wild, Geflügel und hausgemachte Thüringer Klöße, einfache Zimmer; Rosengasse 10, 96337 Ludwigsstadt, Tel. 09263 974037, *torpeter.de*
- Café in der Fischbachsmühle: Kaffee, Pralinen, fränkische Blechkuchen; Fischbachsmühle 2, 96337 Ludwigsstadt, Tel. 09263 945480, *lauensteiner.de*

Unterkunft:

- Am Trogenbach: nette Pensionszimme, gutes Wirtshaus; Kehlbacherstraße 16, 96337 Ludwigsstadt, Tel. 09263 1725, *trogenbach.de*

Kulmbach

Kulmbacher Bierwoche

Kulmbach

Sonneberg
Wilhelmsthal
Mitwitz
Kronach
Wallenfels
303
Rugendorf
36
Stadtsteinach
85
BAYERN
Marktleugast
Münchberg
9
289
Burgkunstadt
Kupferberg
MAIN
289
35
Mainleus
Kulmbach
85
Marktschorgast
Gefrees
Weismain
Bischofsgrün
70
Thurnau
Neudrossenfeld
34
Stadelhofen
Goldkronach
Bindlach
Wonsees
Königsfeld
Bayreuth
Eckersdorf
Hollfeld
Weidenberg
Aufseß
9
Waischenfeld
Kirchahorn
Creußen
Neustadt am Kulm
Schnabelwaid
Püttlach
Gößweinstein
Pottenstein
Pegnitz
Eschenbach in der Oberpfalz
Altenreuth
33
31
32
WEISSER MAIN
Kulmbach
Plassenburg
Melkendorf

31 Kulmbach

IM BAD MIT AGNES UND KARL

Wer Kulmbach sagt, meint das gute Bier oder die mächtige Plassenburg. Dabei ist die Mittelstadt auch sonst ein attraktives Pflaster für spannende Entdeckungen: mit Badhaus und Brunnen, Marktplatz und Kulmbacher Elle, fünf Türmen und der neuen Mainbrücke am Zusammenfluss von Weißem und Rotem Main. Außerdem ist da noch ein bekannter Fernsehmoderator ...

Agnes, die Keusche, zurückgehend auf die Heilige Agnes, die Patronin der Jungfräulichkeit, tat es. Ebenso wie Karl, hinter dessen Name die Bedeutung freier Mann steht. Beide gingen ins Badhaus. Einmal die Woche war das im Mittelalter für gehobenere Schichten keine Seltenheit – natürlich streng getrennt zwischen Männlein und Weiblein. Neben der Körperhygiene war das Badhaus ein Ort für medizinische Behandlungen wie zum Beispiel dem Schröpfen und dem Aderlass. Doch nicht selten fanden auch außereheliche Affären in den privaten Baderäumen statt. Ob dieser erotische Aspekt auch auf Agnes und Karl zutraf, wissen wir nicht, könnten uns dies aber durchaus vorstellen ... Aber wir wissen, dass Kulmbach gleich drei Badstuben hatte, von denen eine noch heute erhalten ist und besichtigt werden kann. Das Gebäude wurde 1398 zum ersten Mal erwähnt, bis zum 19. Jahrhundert als öffentliche Badestube genutzt und ist heute deutschlandweit eines der letzten Badehäuser, dessen Grundmauern erhalten geblieben sind. Im Mittelalter war es üblich, dass jede größere Ansiedlung zumindest eine öffentliche Badeanstalt besaß.

Von außen ist das Badhaus unscheinbar, doch im Inneren gibt das Museum Einblicke, wie es damals gewesen sein könnte: Badstube, Umkleide- und Ruheraum, Vorbad und Heizraum zeigen die mittelalterliche Welt des Badens. Und wahrscheinlich trafen sich dort die Leute wie heute in der Sauna.

Rathaus

Kulmbach wird dominiert von der 116 Meter über der Stadt thronenden Plassenburg (siehe Tipp 32) und vom Bier (siehe Tipp 33). Der historische Stadtkern ist in großen Teilen erhalten. Dabei prägen fünf Stadttürme das Ortsbild, darunter der Weiße

Kulmbacher Roland

und der Rote Turm, die Teile der Stadtbefestigung sind, die aus dem 13. bis 15. Jahrhundert stammt. Auf einem Spaziergang von Fachwerk zu Fachwerk, von Brunnen zu Brunnen und vom Holzmarkt über die Langgasse zum Marktplatz zeigt sich dann der verborgene Reiz der Mittelstadt. Im Zentrum des Marktplatzes bildet der Luitpoldbrunnen den allgemeinen Treffpunkt. Marktstände, Cafés, Geschäfte und der zweimal wöchentlich stattfindende Bauernmarkt beleben den Platz. Wahrscheinlich würden sich Agnes und Karl heute dort verabreden ... Der an einen Obelisken erinnernde Brunnen wurde 1899 errichtet, von den Nazis, weil zu undeutsch, ab- und auf Wunsch der Kulmbacher 1994 wiederaufgebaut. Das neue Rathaus mit Rokokofassade und kuppelartigem

Luitpoldbrunnen

gekrümmten Giebel entstand 1752. Die Statuen der Prudentia, mit dem Buch als Symbol, und Justitia, mit der Waage, erinnern daran, dass zur Leitung eines Gemeinwesens Klugheit und Gerechtigkeit unentbehrlich sind. Links vom Rathauseingang ist der Kulmbacher Fuß (29 Zentimeter) aus Eisen in die Mauer eingelassen und rechts davon die Kulmbacher Elle (83 Zentimeter). Sie waren lange Zeit die gängigen Längenmaße. Und auf Nr. 7 am Marktplatz steht das Geburtshaus von „Rolex"-Gründer Hans Wilsdorf.

Fachwerk

Am stadtnahen Rehberg gehörte auch der Rehturm aus dem 15. Jahrhundert zum Verteidigungssystem: Er warnte durch Signalfeuer die Bewohner vor drohenden Gefahren. Heute bietet der Turm im Erholungsgebiet am Rehberg einen der schönsten Aussichtspunkte in und um Kulmbach. Ein Erlebnis für alle Sinne bietet der dortige vier Kilometer lange Naturlehrpfad mit 22 Stationen: ob in der Sprunggrube die eigene Sprungkraft mit der von Tieren vergleichen, auf dem Barfußpfad die verschiedenen Bodenbeläge des Waldes spüren oder vom Liegestuhl aus in die Baumkronen blicken.

Ein weiterer Aussichtsturm trägt den vielsagenden Namen Schaudichum. Er ist nur acht Meter hoch, ein viereckiger Sandsteinbau mit Wendeltreppe und Plattform. Aber der 1838 erbaute Turm steht auf dem 528 Meter hohen Patersberg bei Mainleus, sodass der Blick zum Plassenburgberg, zum Rehberg, in das Fichtelgebirge (siehe Tipp 45) und ins Rotmaintal reicht.

Die Quelle des Weißen Mains liegt im Fichtelgebirge, die des Roten Mains in der Fränkischen Schweiz (siehe Tipp 10). Bei Schloss

Eklogit-Turm am Weißenstein

Steinenhausen, südwestlich von Kulmbach, vereinen sich die Quellflüsse zu einem Strom, der erst bei Mainz in den Rhein mündet. Über die Mainwiege kann man neuerdings gehen, da eine Brücke am Zusammenfluss gebaut wurde.

In Richtung A9 trifft man bei Stammbach auf den vermutlich einzigen Turm der Welt, der aus Eklogit erbaut ist. Eklogit ist ein seltenes, dunkelgrünes Gestein mit auffälligen roten Einschlüssen und schwerer als Granit. Das Eklogit-Vorkommen am 668 Meter hohen Weißenstein sind die größten in Mitteleuropa. 1925 wurde die 19 Meter hohe Aussichtswarte gebaut.

Am Bratwurststand

Bleibt noch der bekannte Fernsehmoderator: Nun ja, er ist zwar nicht in Kulmbach geboren – sondern in Bamberg –, aber in Kulmbach aufgewachsen, was ihn dann doch zu einem der ihren macht: „Wetten, dass …"-Moderator und Entertainer Thomas Gottschalk, der nur noch selten in Franken auftaucht, aber auf die Frage, ob er sich vorstellen könne, den Lebensabend in Kulmbach statt in Kalifornien zu verbringen, antwortete: „Kulmbach – für die Nerven ist es wirklich gut …". „Der Thomas ist ja keiner, der so abgehoben ist. Der gefällt uns allen ganz gut …", sagt ein Bratwurststandl-Mann, während er einem Kunden „a Boor im Halbn" in die Hand gibt: also zwei Bratwürste in einem halben Bratwurststollen, eine typische Bestellung an seinem Bratwurst-Stand. Aber es gibt auch „drei im Ganzn", das sind dann drei Bratwürste in einem ganzen Stollen, mit oder ohne Senf. Die Vorliebe der Kulmbacher für ihre feinen Kulmbacher Bratwürste erkennt man schon daran, dass sie auch ein besonderes Brötchen für ihren Verzehr erfunden haben: den Bratwurststollen. Dieser ist etwa zweimal so groß wie ein normales Brötla und hat eine längliche Form.

Info

Lage: Kulmbach liegt etwa 120 Kilometer nordöstlich von Nürnberg.

Auskunft: Buchbindergasse 5, 95326 Kulmbach, Tel. 09221 95880, *kulmbach.de*

Aktivitäten: Naherholungsgebiet Mainaue mit Badesee; Main-Radweg über Bamberg, Schweinfurt, Würzburg, Aschaffenburg, Frankfurt bis Mainz zur Main-Mündung auf knapp 600 Kilometern, *mainradweg.com*

Einkaufen: *fritz-einkaufszentrum.de*

Restaurants:

- Zum Seelöwen: Angusrind aus Bio-Haltung und Wurst aus der eigenen Metzgerei; Grünwehr 32, 95326 Kulmbach, Tel. 09221 84200, *gasthof-zum-seeloewen.de*
- Bierhäusla: rustikale Wirtschaft mit Brotzeiten, Steaks, Bratwürsten und Bieren von fränkischen Kleinbrauereien; Obere Stadt 1, 95326 Kulmbach, Tel. 09221 8041714, *roberts-bierhaeusla.de*

Unterkünfte:

- Hotel Dobrachtal: Mittelklassehotel im Stil eines Landhauses, Pool; Höferänger 10, 95326 Kulmbach, Tel. 09221 9420, *hotel-dobrachtal.de*
- Weißes Ross: Traditionshaus aus dem 17. Jahrhundert mit hübschen, modernen Zimmern, gutes Restaurant; Marktplatz 12, 95326 Kulmbach, Tel. 09221 95650, *weisses-ross-kulmbach.com*

32 Plassenburg Kulmbach

AM KONRADITAG ...

... war das Schicksal der Plassenburg (im Foto) besiegelt: Im Jahr 1553 wurde die Burg vollkommen zerstört. Untergegangen ist sie am schwärzesten Tag ihrer Geschichte dennoch nicht. Heute thront sie als einer der schönsten Burgbauten Deutschlands stolz über Kulmbach und beheimatet die meisten Zinnsoldaten weltweit.

Gespenstergeschichten gehören zu Burgen wie ein Turm oder wehrhafte Mauern. Auch zur Plassenburg, die erstmals 1135 erwähnt wurde, gibt es sie. Markgraf Georg Friedrich I. war es, der die Plassenburg, die im Zweiten Markgrafenkrieg 1553 zerstört wurde, wiederaufbauen ließ. Er hatte aber seine Rechnung ohne die Weiße Frau gemacht: Bislang trat sie in der Burg stets in Erscheinung, um kommende Todesfälle und anderes bevorstehendes Unglück anzuzeigen. Doch Georg Friedrich lernte das weiße Gespenst auch ganz anders kennen: Sie rasselte mit Ketten, tobte umher, erschreckte Hoffräuleins und erwürgte schließlich sogar den Koch des Markgrafen. So die Legende ... Die Weiße Frau soll zwar ihr Unwesen in mehreren Burgen und Schlössern von europäischen Adelsfamilien getrieben haben, ihren Ursprung vermutet man jedoch auf der Plassenburg.

Von der 116 Meter über Kulmbach thronenden Festung, einer trutzigen Bundsandsteinburg, hat man einen wunderbaren Blick auf die Stadt. Entgegen der häufig geäußerten Meinung gibt es aber tatsächlich nur die Aussicht auf, nicht aber einen unterirdischen Zugang hinunter nach Kulmbach.

Als eines der imposantesten und größten Renaissancebauwerke Deutschlands war die Plassenburg über lange Zeit ein Vorbild im Festungsbau. Aber die wehrhafte Burg mit ihren gewaltigen Bastionen war zugleich eine fürstliche Residenz, von Markgraf Georg Friedrich I. neu konzipiert als repräsentative Vierflugelanlage, die heute als eines der eindrucksvollsten historischen Bauwerke in Bayern und ganz Deutschland gilt. Besonders der Schöne Hof mit seinen reich geschmückten Arkadengängen ist ein Schmuckstück und zählt zu den besterhal-

Der Schöne Hof

Säulen im Schönen Hof

tenen Renaissance-Höfen der Republik. Bei Konzerten bietet er 1500 Zuhörern Platz. Aber nicht nur wegen der militärischen Stärke und repräsentativen Ausgestaltung war die Burg berühmt, sondern auch als Aufbewahrungsort des geheimen Hausarchivs der Hohenzollern und einer mehrere hundert Gemälde umfassenden Ahnengalerie.

Von Anfang des 14. bis Ende des 18. Jahrhunderts gehörte die Plassenburg den fränkischen Hohenzollern, ehe sie Napoleon 1806 erneut weitgehend zerstörte. 1810 kam die Burg zu Bayern. Das Wahrzeichen der Stadt Kulmbach diente dann als Lazarett, später als Zucht- und Arbeitshaus sowie Kriegsgefangenenlager. Die Nazis gründeten dort die Reichsschule der deutschen Technik, ehe die Burg nach dem Zweiten Weltkrieg Unterschlupf für Flüchtlinge gewährte und in den Räumlichkeiten ab den 1960er-Jahren nach und nach vier Museen eingerichtet wurden. Das Museum Hohenzollern in Franken umfasst die historischen Innenräume des frühen 16. Jahrhunderts mit spektakulären Ausstattungsstücken. Im Armeemuseum Friedrich der Große werden Waffen und Ausrüstung des preußischen Heeres von 1700 bis 1806 gezeigt. Das Landschaftsmuseum Obermain informiert mit Inszenierungen zu Geschichte und Naturgeschichte über Stadt und Region. Im Deutschen Zinnfigurenmuseum wird schließlich die mit 300.000 Figuren größte Sammlung von Zinnfiguren in der Welt präsentiert, darunter auch das figurenreichste Diorama weltweit, das allein knapp 20.000 Figuren umfasst: „Die Zerstörung Kulmbachs am Konra-

Burginnenhof

ditage 1553". Es war jener Tag im Zweiten Markgrafenkrieg, als die Plassenburg zerstört wurde und die Weiße Frau begann, mit den Ketten zu rasseln ...

Keine Gespenstergeschichte schrieb der Fürther Schriftsteller Jakob Wassermann, dem die Festung als Kulisse für seine sozialkritischen Erzählung „Die Gefangenen auf der Plassenburg" diente, die 1909 entstand. Bis zur Machtübernahme durch die Nationalsozialisten zählte Wassermann zu den bekanntesten Autoren seiner Zeit. Die Novelle erzählt vom blutigen Aufstand von Zuchthausinsassen während der Revolution von 1848 und verbindet dabei Historie mit Fiktion.

Info

Lage: Kulmbach liegt etwa 120 Kilometer nordöstlich von Nürnberg.

Auskunft: Festungsberg 27, 95326 Kulmbach, Tel. 09221 95880, *plassenburg.de*

Aktivitäten: Burgführungen, *plassenburg.de/de/angebote/fuehrungen*

Museen: *plassenburg.de/de/die-museen*

Einkaufen: Zinnfiguren, Bücher, Postkarten im Museumsshop, Tel. 09221 947505

Restaurant:

- Al Castello: italienische Küche mit Pasta, Pizza und Fleisch- oder Fischhauptgerichten; Festungsberg 26, 95326 Kulmbach, Tel. 09221 81313

Unterkunft:

- Kronprinz: 3-Sterne-Hotel direkt unterhalb der Burg; Fischergasse 4, 95326 Kulmbach, Tel. 09221 92180, *hotel-kulmbach.eu*

33 Bier aus Kulmbach

EINE LEBENSAUFGABE

Bier ist der kleinste gemeinsame Nenner in Oberfranken. Und in Kulmbach dreht sich wirklich alles ums Bier, ganz besonders während der Bierwoche. Dann stellt der Gerstensaft sogar die Plassenburg in den Schatten. Neben der Großbrauerei in der Stadt braut auch fast jedes Dorf in der Gegend sein eigenes Bier.

„Bis man alle fränkischen Biere probiert hat …", Tina-Christin Rüger aus Neuses, gut 20 Kilometer nördlich von Kulmbach, denkt kurz nach: „Das wäre eine Lebensaufgabe!" Tina hat 2014 das fast Unmögliche geschafft: Die damals 26-Jährige wurde als erste Oberfränkin zur Bayerischen Bierkönigin gewählt. Gerade in Ober- und Niederbayern musste sich die Fränkin immer wieder mal einen blöden Spruch anhören, doch Tina konterte: „Mein Lieblingssatz bei Veranstaltungen in Oberbayern war: ‚Man soll Gott für alles danken, auch für einen Oberfranken'. Dann habe ich so viel erzählt über die Bierkultur in Oberfranken, dass ich letztendlich auch Skeptiker überzeugt habe …"

Bier ist der kleinste gemeinsame Nenner in Oberfranken. Kulmbach, die Stadt mit 30.000 Einwohnern, nennt sich selbstbewusst sogar Welthauptstadt des Bieres. Nicht nur wegen der Großbrauerei im Ort, auch fast jedes Dorf in der Gegend braut sein eigenes flüssiges Gold. Und das Bayerische Brauereimuseum im Kulmbacher Mönchshof gehört zu den wichtigsten deutschen Ausstellungen zur Biergeschichte: Es geht um die Anfänge des Bierbrauens, die Bierkultur im Wandel der Zeit, aber auch um Fragen wie: Ist Bier gesund? Oder macht Bier dick? Man sieht wunderbare Bierkrüge und ganze Sudhäuser. Der Gast riecht, schmeckt und sieht die herrlichen Sudkessel mit ihren glänzenden Kupferhauben. Man kann dem Braumeister über die Schultern gucken und ihn nach seiner Arbeit befragen. Und zum Schluss gibt es auch ein Bier: frisch gezapft, vollmundig und goldgelb. Jeder Gast freut sich darauf.

„Kulmbacher"-Schild

Deutschland gilt bei ausländischen Besuchern gerne als Land der Biere, doch im Bierkonsum sind nicht die Deutschen, sondern die Tschechen mit 182 Litern pro Jahr und Kopf schon seit langem unangefochtene Weltmeister. Deutschland liegt mit 92 Litern auf dem fünften Platz, hinter Österreich, Polen und Rumänien, wenn man die Vor-Corona-Zahlen von 2019 nimmt. In Deutschland werden 1057 Brauereien gezählt, die etwa 5000 verschiedene Biere herstellen. Allein die „Kulmbacher Brauerei" braut 28 Bierspezialitäten! Seit 1996 sind „Eku", „Mönchshof", „Reichel" und „Sandler" in der „Kulmbacher Brauerei" vereinigt. Und allein in Bayern gibt es 474 Brauereien, davon brauen 260 ihren Gerstensaft in Oberfranken. Das sind mehr Brauereien als jede Nation in Europa hat.

Kulmbacher Bierwoche

In Oberfranken gibt es auch die höchste Brauereidichte der Welt, die sogar vom „Guinessbuch der Rekorde" bestätigt wurde. Rein rechnerisch versorgt in Oberfranken eine Brauerei 5500 Einwohner. Und im 40 Kilometer südlich von Kulmbach liegenden Aufseß verzeichnete das „Guinnessbuch der Rekorde" noch eine weitere weltweit größte Brauereidichte: Gemessen an der Einwohnerzahl steht dort für jeweils 350 Einwohner eine eigene Brauerei zur Verfügung. A Seidla geht halt immer in Oberfranken ...

„Es gibt mehr Biergeschmack als Weingeschmack", sagt Hubertus Grimm, zwar kein Ober-, sondern Unterfranke aus Miltenberg, aber Biersommelier schon seit 2004 und unter den Top 100 seiner Gilde. Sein Liebling: Eisbock, bei dem das Bier ausgefroren und das Wasser entzogen, sodass es cremig, fast liqueurhaft wird. Anders als beim Wein bestellt man im Lokal oftmals nur „ein Bier, bitte". Dabei gibt es eine unglaubliche Vielfalt, gerade in Oberfranken: Keller-, Rauch- oder Schwarzbier und Maibock, Markator oder Kulminator sind nur ein paar Beispiele. In Oberfranken gibt es Bierwanderungen über das Land, Bierspaziergänge durch Städte, Braumeistertouren, Bierseminare und natürlich -feste. Wobei die Kulmbacher Bierwoche ab dem letzten Juli-Samstag neun Tage Ausnahmezustand bedeutet: Auch ohne Fahrgeschäfte und anderes Volksfest-Tamtam kommen jedes Jahr 120.000 Besucher, um ihr Bier an seiner Quelle zu genießen.

Info

Lage: Kulmbach liegt etwa 120 Kilometer nordöstlich von Nürnberg.

Auskunft: Buchbindergasse 5, 95326 Kulmbach, Tel. 09221 95880, *kulmbach.de*

Aktivitäten: Bierwanderungen, -spaziergänge, -seminare, *franken-bierland.de*

Event: *kulmbacher-bierwoche.de*

Museum: *kulmbacher-moenchshof.de*

Einkaufen: *kulmbacher.de*

Restaurants:

- Zum Gründla: Gasthaus mit eigener Brauerei und bodenständiger Küche, Biergarten, Zimmer; Am Gründlein 5, 95326 Kulmbach Tel. 09221 823884, *zum-gruendla.de*
- Wirtshaus im Grünwehr: rustikal mit kupfernen Brauereikesseln im Gastraum, eigene Biere, fränkische Küche; Grünwehr 17, 95326 Kulmbach, Tel. 09221 84457, *kommunbraeu.de*

Unterkunft:

- An der Eiche: moderne Mittelklassezimmer mit roten Teppichböden; Pörbitscher Platz 9, 95326 Kulmbach, Tel. 09221 8780950, *eiche-kulmbach.de*

34 Wonsees

„DAS IST OHNEGLEICHEN …“

„… c'est sans pareil“, soll eine Hofdame von Markgraf Friedrich ausgerufen haben, als sie die bizarre Felsenwelt unweit der Burg Zwernitz erblickte. Friedrich zögerte nicht und ordnete die Umbenennung des Ortes Zwernitz in Sanspareil an. Die Burg selbst und eine Mühle sind weitere Wonseeser Höhepunkte.

Man muss die Fantasie nicht besonders strapazieren, um sich vorzustellen wie in diesem Felsentheater (Foto links) das ewige Spiel von Liebe, Macht und Tod zelebriert wird. Der Zuschauerraum befindet sich unter einem natürlichen Felsenbogen. Der Orchestergraben, die Kulissenbögen und die Rückwand sind aus Bruchsteinen gemauert. Das Theater scheint, mitten im Wald, aus den Felsen herauszuwachsen. Dazu einige exotisch anmutende Anwesen, wie der Morgenländische Bau, und ländliche Hütten, die als Rückzugsorte in der Eremitage Sanspareil dienten: Das ist bis heute ohnegleichen – auch wenn viele der einstigen Bauten im Laufe der Zeit verfielen. Die Architektin des Felsengartens von Sanspareil, Markgräfin Wilhelmine, die Lieblingsschwester von Friedrich dem Großen, schrieb bescheiden: „Die Natur selbst war die Baumeisterin".

Da hat es sogar die zauberhafte Burg Zwernitz schwer zu konkurrieren: Auf einem schmalen Dolomitfelsen thront sie seit 1156 und vom Bergfried schweift der Blick in die friedliche Fränkische Schweiz (siehe Tipp 10). Früher diente der Turm freilich vor allem Verteidigungszwecken: Seine Rauchsignale warnten vor dem Feind und fanden über ein System von Beobachtungstürmen den Weg bis zur großen Plassenburg in Kulmbach (siehe Tipp 32).

Burg Zwernitz

In Friedenszeiten ließ es sich die höfische Jagdgesellschaft allerdings gut gehen. Die Jagd nahm – wie an allen Höfen des Barockzeitalters – eine herausragende Stellung ein. Fast alle Markgrafen waren passionierte Jäger und sie präsentierten sich voller Stolz auf der Jagd. Wahrscheinlich waren sie auch im Schwalbachtal zugange, wo heute idyllische Dörfer, Höhlen, Felsen, Wiesen und Wälder, aber auch Kneipp-Anlagen zu finden sind.

Im Zentrum von Wonsees sticht der Marktplatz mit seinem Brunnen hervor. Die fein restaurierte Marktmühle wurde 1730 erbaut und produzierte bis in die 1970er-Jahre Roggen- und Weizenmehl. Viele Jahre stand das Gebäude leer, bis sie ein passionierter Mühlenfan sanierte und wieder ein klassisches Wasserrad aus Lärchenholz einsetzte. Im Mühlenturm befinden sich auf vier Stockwerken historische Walzenstühle, Förderanlagen, Getreidesilos, Siebanlagen und ein alter Holzaufzug. Das Mühlrad erzeugt nun Strom, unter dem Lehmputz schlängeln sich Wandheizschleifen und im Kornspeicher steht eine Pelletheizung für ein angenehmes Raumklima. Am Pfingstmontag, dem Mühlentag, stehen die Türen der Markmühle einen Tag lang für Besucher offen. Dann gibt es auch Livemusik, Spezialitäten von Grill, Kaffee und Kuchen sowie kostenlose Führungen durch die Mühle.

Mühle und ...

Die Markgrafenkirche St. Laurentius, eine mittelalterliche Wehrkirche, die im Laufe der Jahrhunderte immer wieder vergrößert wurde, hat vor allem bei ihrer Barockisierung in den 1720er-Jahren eine sehenswerte Innenausstattung erhalten. Erstmals urkundlich erwähnt wurde die Kirche 1108, in der Zeit der Ritter und Kreuzzüge. Der Standort auf dem Hügel, der Vorratskeller sowie die in Teilen bis heute erhaltene sechseckige, anderthalb Meter dicke Mauer sind klare Belege, dass sie den

... Markgrafenkirche

Anwohnern als Rückzugsort im Kriegsfall diente. Wonsees wurde mehrfach geplündert und niedergebrannt. Ihren Namen erhielt die Kirche nach dem Heiligen Laurentius, einem römischen Diakon, der der Legende nach als Märtyrer auf dem Grillrost hingerichtet wurde. Im Mittelalter rief man den Heiligen bei allen möglichen Hautkrankheiten an, vor allem bei der Pest.

Der 1100-Einwohner-Markt war aber auch Tatort der Serienmörderin Anna Margaretha Zwanziger. Eines ihrer Opfer war der Amtmann, bei dem sie als Haushälterin tätig war und jahrelang mit Gift ihr Unwesen trieb. Überführt wurde sie erst spät durch den damaligen Kulmbacher Stadtphysicus.

Info

Lage: Wonsees liegt ca. 22 Kilometer südwestlich von Kulmbach.

Auskunft: Marktplatz 4, 96197 Wonsees, Tel. 09274 213, *wonsees.de*

Aktivitäten: Spielplan Felsentheater, *studiobuehne-bayreuth.de*

Event: Mühlentag jeden Pfingstmontag

Restaurants:

- Gasthof Tauer: fränkische Fleisch- und Wurstspezialitäten aus hauseigener Metzgerei. Es gibt ein Doppel- und zwei Einzelzimmer; Marktplatz 13, 96197 Wonsees, Tel. 09274 94545, *gastwirtschaft-tauer.de*
- Landgasthaus Weith: ein Kilometer von Sanspareil entfernt, Braten, Gans und Schäufele aus dem Holzofen; Großenhül 32, 96197 Wonsees, Tel. 09274 467, *landgasthaus-sanspareil.de*

Unterkunft:

- Gasthof Bergmann: einfache Zimmer mit Blick ins Grüne von Balkon, Terrasse oder der Liegewiese vor dem Haus; Hauptstraße 8, 96197 Wonsees, Tel. 09220 254

35 Marktschorgast

AUF DER SCHIEFEN EBENE

Mit der ersten Fahrt der Dampflok „Adler“ von Nürnberg nach Fürth begann 1835 in Deutschland das Eisenbahnzeitalter. Doch auch in Marktschorgast wurde ein Stück Eisenbahngeschichte geschrieben ... Außerdem ist der 1500-Einwohner-Ort auch einen Spaziergang wert, am besten vom Marktplatz zum Unteranger.

Die Bahnhöfe Neuenmarkt und Marktschorgast sind vermutlich nur unter eingefleischten Eisenbahnern ein Begriff. Zwischen beiden Stationen verläuft noch heute eine Eisenbahnlinie, die zur Zeit ihrer Entstehung in den Jahren 1844 bis 1848 europäische Eisenbahngeschichte geschrieben hat: Es war die erste Steilbahn in Europa! Sie überwand den durchaus bedeutenden Höhenunterschied von 348 auf 505 Meter im Zug-Schub-Verkehr mit einer Lokomotive am Ende des Zugs und einer zusätzlichen dreiachsigen Vorspannlokomotive. Auf andere technische Hilfsmittel, Tunnel oder ein Viadukt konnte verzichtet werden. Zur Überwindung von Seitentälern und zur Anlehnung an die Hänge wurden zwei 1400 Meter lange Steindämme gebaut sowie drei Straßen- und zehn Bahnbrücken, Bauwerke, die bis heute fast unverändert erhalten geblieben und über den Lehr- und Informationspfad Schiefe Ebene gut zu erreichen sind.

Die aus heutiger Sicht naheliegende Lösung Zahnradbahn war damals keine: Diese Technik wurde schließlich erst knapp 20 Jahre später erfunden. Aber der physikalische Begriff Schiefe Ebene hatte sich für die sieben Kilometer lange Strecke umgehend als Eigenname für diesen Aufstieg verselbstständigt und blieb bis heute erhalten. Mehr noch: Diese Schiefe Ebene war bis dahin ohne Vorbild und wurde zum Prototypen für viele Gebirgsstrecken, wie etwa der berühmten Gotthardstrecke, die nach gleichen Grundsätzen funktioniert.

Anfang der 1970er-Jahren zog es dann sogar Eisenbahnfreunde aus aller Welt zur Schiefen Ebene, weil nur noch dort Schnellzugdampflokomotiven regelmäßig erlebt werden konnten. Erst 1973 wurden die schnaubenden Dampfrösser durch Dieselloks ersetzt. Der heutige Fahrgast spürt überhaupt nicht mehr, welch geschichtsträchtige Strecke er eigentlich befährt.

Jetzt gibt es nur noch vereinzelt Dampfloks zu sehen: Vor allem in den Sommermonaten finden an Wochenenden häufig Sonderfahrten über die Schiefe Ebene mit dampflokbespannten Zügen

Marktplatz mit ...

... Händlerfiguren

oder anderen historischen Eisenbahnfahrzeugen statt. Das Informationszentrum Schiefe Ebene im Bahnhof Marktschorgast hält dazu und generell zur Schiefen Ebene weitere Informationen bereit.

Neben einer Fahrt auf der Schiefen Ebene sollte man sich den historischen Marktplatz mit seinen farbenfrohen Häuserfassaden im Stil des Biedermeiers, die Händlerfigur am Marktplatz und den ebenfalls dort angesiedelten Floriansbrunnen aus dem Jahr 1685 nicht entgehen lassen. Der Brunnen erinnert an die schweren Brände, die Marktschorgast im 15. Jahrhundert heimgesucht haben. Die mit Granitsteinen gepflasterte und von Lindenbäumen gesäumte Hauptstraße und die mehr als 900 Jahre alte Pfarrkirche St. Jakobus sind zwei weitere Stopps wert. Putzig mit Zwiebelturm zeigt sich die kleine, spätbarocke Bergkapelle von 1772 am Kapellenberg.

Der Ortsname kommt übrigens von der Schorgast, einem Nebenfluss des Weißen Mains, die noch weitgehend naturbelassen ihren Weg durchs gleichnamige Tal macht und den Marktschorgastern ihr Trinkwasser – natürlich aufbereitet – liefert. Interessant ist zudem der Kräutergarten im Unteranger, in dem eine Vielzahl nicht alltäglicher Heil-, Duft- und Gewürzpflanzen gedeihen. Wer kennt schon noch Erdbeerspinat oder Meerträubel? Im neu angelegten Duftgarten kann man zudem seinen Geruchssinn trainieren. Der krönende Abschluss eines Besuchs in Marktschorgast könnte dann noch ein erfrischendes Bad im Goldbergsee sein.

Floriansbrunnen

Info

Lage: Marktschorgast liegt etwa 22 Kilometer östlich von Kulmbach.

Auskunft: Marktplatz 17, 95509 Marktschorgast, Tel. 09227 94300, *marktschorgast.de*

Aktivitäten: Wanderung auf dem Lehr- und Informationspfad Schiefe Ebene

Event: Dampflokfahrten an Sommerwochenenden, Termine im Bahnhof Marktschorgast

Restaurants:

- Drei Kronen: Dort kommt alles frisch aus der hauseigenen Metzgerei auf den Tisch, es gibt auch Zimmer; Marktplatz 13, 95509 Marktschorgast, Tel. 09227 7061
- Zum Kapellaberch: familiengeführter Gasthof mit schönem Biergarten; Kapellenberg 4, 95509 Marktschorgast, Tel. 09227 946476

Unterkunft:

- Hotel Regina: einfache Zimmer, Restaurant, Bahnhofsstraße 20, 95509 Marktschorgast, Tel. 09227 73260, *hotel-gasthof-regina.de*

36 Stadtsteinach

DÎNER IN WEISS

Was in Paris gut ankommt und funktioniert, dürfte auch in Stadtsteinach seine Freunde finden … Und so ist es auch: Das Dîner en blanc gehört zu den Höhepunkten im Jahreskalender der kleinen Stadt.

Die Stadttore wurden zwar leider im 19. Jahrhundert abgerissen, aber Teile der Stadtmauer sind noch als doppelter Mauerring erkennbar. Genauso wirkt das Städtchen mit seinen gut 3300 Einwohnern: auf den ersten Blick ohne große Eyecatcher und unscheinbar, aber im Detail dann doch interessant.

Das Stadtbild wird von der katholischen Pfarrkirche St. Michael dominiert. Sie wurde 1306 erstmals urkundlich erwähnt und nach einem Brand 1903 zwei Jahre später wiederaufgebaut. Daneben befindet sich gleich das älteste sakrale Gebäude der Stadt, die Marienkapelle. Sie lag vor der Stadtmauer.

Der historische Stadtkern um den Marktplatz steht unter Denkmalschutz. Dort findet auch im Juli das Dîner en blanc statt. Der Name ist Programm: Alle müssen weiß gekleidet erscheinen und jeder Besucher bringt sein eigenes Essen und die Getränke mit: ob Brotzeit oder Mehrgangmenü, ob Wasser oder Champagner.

St. Michael

Das gilt auch für Gläser, Besteck, Porzellan, Tische, Stühle, weiße Tischdecken, Dekorationsartikel, Kerzenständer, weiße Luftballons – eben alles, was zu einem Dîner-en-blanc-Sommerabend gehört.

Winterliche Steinachklamm

Außerhalb lohnt vor allem das Steinachtal. Zum einen wegen des Industriedenkmals „Alte Schneidmühle" und der Burgruine Nordeck von 1150 im vorderen Teil des Tals: Sie wurde 1151 erstmals urkundlich erwähnt, wahrscheinlich 50 bis 100 Jahre zuvor erbaut und 1525 im deutschen Bauernkrieg zerstört. Die Reste sind frei zugänglich. Zum anderen wegen der Steinachklamm im hinteren Teil des Tals, wo der Durchbruch der Unteren Steinach zu bestaunen ist. Nach dem Sprichwort „Steter Tropfen höhlt den Stein" fraß sich der Bach in Tausenden von Jahren Zentimeter für Zentimeter durch das harte Gestein. Den alten, ewig jungen Kampf zwischen Wasser und Stein entschied das Wasser, wie so oft, für sich. Allerdings in einem unvorstellbar langen Zeitraum.

Ein weiteres Highlight im Eventkalender ist zweifelsohne das Narrentreiben, das mit 10.000 Besuchern jährlich am Faschingssonntag den Höhepunkt der Saison darstellt.

Faschingsumzug

Info

Lage: Stadtsteinach liegt ca. 12 Kilometer nordöstlich von Kulmbach.

Auskunft: Marktplatz 8, 95346 Stadtsteinach, Tel. 09225 95780, *stadtsteinach.de*

Events: Fasching im Februar, Dîner en blanc im Juli

Einkaufen: Marktscheune, erster und dritter Samstag im Monat

Restaurant:

- Waldschänke: einfache Küche; Oberhammer 1, 95346 Stadtsteinach, Tel. 09225 2669888, *waldschaenke-steinachtal.de.tl*

Unterkunft:

- Lindenhof: helle Zimmer, ausschließlich Naturbaustoffe, Restaurant; Alte Pressecker Straße 49, 95346 Stadtsteinach, Tel. 09225 3759978, *landhotel-lindenhof-stadtsteinach.de*

Hof

Im Frankenwald

Hof

37. Hof: kostenfreies Parken für Sieger
38. Frankenwald: das blaue Gold
39. Frankenwald: durchs Grüne Band
40. Bad Steben: Radon mit Bling-Bling
41. Helmbrechts: Kleiderschrank der Welt
42. Mödlareuth: Little Berlin
43. Schwarzenbach: grübel, grübel und studier

Drognitz
Crispendorf
Pausa
Leutenberg
THÜRINGEN
Saalburg
Tanna
Reuth
Ludwigsstadt
Lehesten
BLEILOCHSTAUSEE
Wurzbach
Bad Lobenstein
Gefell
42
SACHSEN
Steinbach am Wald
39
40
Mödlareuth
Hirschberg
Nordhalben
Bad Steben
72
37
Köditz
93
38
Naila
Hof
Wilhelmsthal
Regnitzlosau
FRANKENWALD
Schwarzenbach
am Wald
Konradsreuth
41
Wallenfels
9
43
Rehau
Presseck
Helmbrechts
Schwarzenbach
a.d.Saale
Rugendorf
Münchberg
Marktleugast
BAYERN
Stadtsteinach
Zell
Kupferberg
Marktleuthen
Kulmbach
Gefrees
Weißenstadt
Himmelkron
Thurnau
70
Neudrossenfeld
Tröstau
Wunsiedel
Goldkronach
Fichtelberg
Bindlach
Neusorg im
Fichtelgebirge
Bayreuth
Eckersdorf
Weidenberg
© Mapcreator.io | OSM.org | © DLR | © Airbus Defense and Space | © Copernicus

37 Hof

KOSTENFREIES PARKEN FÜR SIEGER

„So les' ich doch, gute Mutter, worin alle Qualen Deiner Arbeit bestehen und worin ich Dich und Dein karges Leben sehe ...", schrieb Jean Paul über die Hofer Zeit und seine Mutter in der Phase der Industrialisierung. Heute ist Hof ein modernes Städtchen, bekannt durch seine Internationalen Filmtage und den Schlappentag.

„Besehet Hof, wo ich das Schlimmste erlebt und das Beste geschrieben ...", meinte einst Jean Paul über seine Leidenszeit in dieser Stadt, mit der ihn eine Art Hassliebe verband. Jean Paul, in Wunsiedel (siehe Tipp 44) geboren, kam zu einer Zeit nach Hof, als die industrielle Revolution Hof zum Bayerischen Manchester und zur Stadt der Spindeln werden ließ. Die rauchenden Fabriken der Tuchmacher prägten das Stadtbild und die Eisenbahn brachte den Anschluss an die große weite Welt. Es waren entbehrungsreiche Jahre, für viele sogar mit Hunger verbunden. Der Dichter hatte zudem schwere familiäre Verluste: 1789 ertränkte sich sein Bruder Heinrich in der Saale, 1797 starb seine Mutter, als er gerade auf Reisen war. Erschüttert fand der Dichter bei seiner Rückkehr in ihrem Nachlass ein Büchlein mit dem Titel „Was ich ersponnen". Alle Einnahmen aus ihrer Arbeit waren darin aufgezeichnet und auch die Ausgaben für ihre Kinder vermerkt ... Trotzig hielt Jean Paul an seiner Berufung fest und schrieb weiter. Den Hofern müsse man hinterherlaufen, um ihnen Bücher zu schenken und trotzdem würden sie von ihnen nicht gelesen. Er nannte die Stadt in seinen Schriften Reichsmarktflecken Kuhschnappel, trauerte aber sehr, als ein großes Feuer 1823 fast die gesamte Stadt vernichtete.

Auf Jean Pauls Spuren kann man heute bei einem Stadtrundgang wandeln. Dann kommt man auch zu dem Ort, wo der Dichter an der Saale seine Gewürzinseln sah und im Roman „Die unsichtbare Loge" verewigte oder zum neugestalteten Schlossplatz, an dem sich einst das Haus befand, in dem er zeitweise wohnte.

Inzwischen hat sich die graue Industriestadt gemausert: Hof-Kultur, Hofer Herbst, HofTheater und die Internationalen Hofer Filmtage zeugen von der Wandlung. Besonders die Filmtage, die jedes Jahr im Oktober stattfinden, sind bekannt. An sechs Tagen werden in zwei Kinos und acht Kinosälen rund 130 Filme in mehr als 200 Vorstellungen gezeigt. Fast alle Filme sind deutsche Erstaufführungen, manchmal ist sogar eine Welt-

Das Rathaus

premiere dabei und in Hof erstmals gezeigte Arbeiten bekamen auch schon Golden-Globe-Nominierungen.

Spät gegründet, oft zerstört, ging es mit der 45.000-Einwohner-Stadt lange Zeit wie es im umliegenden Fichtelgebirge (siehe Tipp 45) und Frankenwald (siehe Tipp 38) häufig ging: auf und ab. Der ursprüngliche Siedlungskern der Stadt ist wohl in der Lorenzkirche zu suchen. Die Pfarrei St. Lorenz wurde bereits 1214 erstmals urkundlich erwähnt. Als älteste Kirche der Stadt und Mutterkirche der Region ist sie historisch von Bedeutung und eine der wenigen großen Sehenswürdigkeiten von Hof.

Auf eine mobile menschliche Hofer Sehenswürdigkeit stößt man bei einem Rundgang durch die Innenstadt: Der Hofer Wärschdlamo, den man am typischen tragbaren Wärschdlakasten, Senftube und Henkelkorb für die Laabla, die Brötchen, erkennt, in denen die dampfende Wurst gereicht wird. Es gibt Wienerla,

Gnagger, Bauern und Weisa, je nach Geschmack mit oder ohne Sempft (Senf). Die Tradition reicht bis 1881 zurück, als der erste Wärschdlamo, Johann Georg Hahn, seine Runden drehte. Ein lauter Pfiff – und der nächste Kunde kann kommen ... Das gilt bis heute. Es gibt noch sechs dieser mobilen Würstchenverkäufer in Hof.

Der Wärschdlamo

Vom Rathausturm hat man aus knapp 30 Meter Höhe einen schönen Rundblick über die Stadt mit der elegant geschwungenen Ludwigstraße, der Marienkirche, dem Theater und der Freiheitshalle sowie über die Ausläufer von Fichtelgebirge und Frankenwald: 152 Stufen, die sich lohnen. In der benachbarten Touristinfo bekommt man (kostenfrei) den Schlüssel für den Turmbesuch. Ebenso schön ist die Aussicht vom Bismarckturm, ein Aussichtsturm, der 1915 erbaut wurde: zu Ehren von Reichskanzler Otto von Bismarck, mit achteckigem Grundriss, auf dem Rosenbühl in 597 Meter Höhe. Und 20 Meter darüber befinden sich vier kleine Aussichtsplattformen, die in die vier Himmelsrichtungen weisen. Auf dem Grundstein steht: „Es ist das Wort voll Geist und Leben, voll Mark und Kraft: Bismarck!"

Bismarck war nie in Hof, aber beim Schlappentag hätte er sicherlich seine Freude gehabt, denn das große Bierfest im Juni wird bereits seit 1432 gefeiert: mit großem Schützen- und Handwerkerumzug gilt es als das älteste Starkbierfest weltweit.

Genau eine Woche nach Pfingsten geht es los mit morgendlichen Weckrufen, damit niemand die Versammlung der Handwerkszünfte und Schützen um acht Uhr verschläft. Nach einem Empfang durch den Oberbürgermeister führt der Festzug durch die ganze Stadt: über die Ludwigstraße, Altstadt, Luitpoldstraße, Marienstraße und den Konrad-Adenauer-Platz. Am Festplatz am Schießhäuschen wird das erste Fass Schlappenbier, ein süffiges Starkbier, das eigens nur für diesen Tag gebraut wird, angezapft und im Festzelt ausgeschenkt. Dazu gibt es Hofer Bratwürste und musikalische Unterhaltung. Im Lauf des 19. Jahrhunderts wurde ein richtiges Volksfest daraus.

Historisch geht die Tradition des Schlappenschießens auf die Zerstörung und Plünderung der Stadt Hof im Jahr 1430 durch die Hussiten zurück. Um Hof nach dem Hussiten-Überfall wieder aufzubauen, baten die Hofer den Markgrafen um eine Steuererleichterung. Diese wurde von ihm auch bewilligt, jedoch nur unter der

Am Schlappentag

Voraussetzung, dass ab diesem Zeitpunkt alle Hofer Handwerker und Bürger einmal pro Jahr zu einer Schießübung antraten, um sich bei einem eventuellen nächsten Angriff besser verteidigen zu können: Der Schlappentag war geboren. Und er heißt so, weil die Schützen in ihrer Arbeitskleidung und den ortsüblichen Holzschuhen, ihren Schlappen, antraten. Als Preis winkt dem Schützenkönig sprich Schlappenkönig ein Jahr lang kostenloses Parken auf allen öffentlichen Parkplätzen der Stadt Hof.

Info

Lage: Hof liegt etwa 140 Kilometer nordöstlich von Nürnberg.

Auskunft: Ludwigstraße 24, 95028 Hof, Tel. 09281 8157777, *hof.de*

Aktivitäten: Am Untreusee im Süden kann man baden, Tretboot mieten und grillen.

Events: *hof.de/leben-erleben, hofer-filmtage.com*

Museum: Museum Bayerisches Vogtland, einer der größten Ausstellungen der mitteleuropäischen Tierwelt, *hof.de/leben-erleben*

Restaurant:

- Kastaniengarten: Fine Dining, z. B. Variation von gebratenen Edelfischen mit Graupenrisotto. Schöne Zimmer; Kulmbacher Straße 2, 95030 Hof, Tel. 09281 6050, *hotel-central-hof.de*

Unterkünfte:

- Hotel Strauss: moderne 3-Sterne-Zimmer mit flexiblen Check-in-Zeiten, Restaurant mit Biergarten; Bismarckstraße 31, 95028 Hof, Tel. 09281 9720630, *hotel-strauss-hof.de*
- Burghof: Hinter einer historischen Fassade verbirgt sich das zentral gelegene Stadthotel mit handbemalten Decken und Wänden sowie Bäder mit Fußbodenheizung; Bahnhofstraße 53, 95028 Hof, Tel. 09281 819350, *hotel-burghof.com*

38 Frankenwald

DAS BLAUE GOLD

Knapp eintausend Quadratkilometer Natur mit dem Döbraberg und seinen 795 Metern als höchsten Punkt: Das Mittelgebirge Frankenwald ist – Nomen est Omen – sehr waldreich. Ebenso prägend ist aber auch der Schiefer, das blaue Gold der Gegend. Der Frankenwald ist nicht überlaufen, günstig, bodenständig. Und ein Schilderwald sorgt für Überraschung.

Der junge Mann, der 1792 im Frankenwald ankam, war akkurat gekleidet, 23 Jahre jung und frisch gebackener Bergbauingenieur. Im Auftrag der preußischen Regierung sollte er das Bergbaurevier Frankenwald auf Vordermann bringen. Sein Name war Alexander von Humboldt. „Das tat er auch. Er sorgte hier für Ordnung", sagt Manfred Teichmann vom Schieferbergwerk „Lotharheil", dem einzigen in Bayern noch in Betrieb befindlichen Schiefersteinbruch. „Lotharheil"-Gründer Lothar Faber baute seit 1710 Schiefer ab. Sein Sohn hatte Humboldt noch erlebt, der eine Grubenlampe und ein Beatmungsgerät erfand sowie eine Berufsschule für Bergmänner gründete. „Humboldt verließ unsere Heimat als gefragter Mann", sagt Teichmann. Dass er eines Tages einer der wichtigsten Naturwissenschaftler und Mitbegründer der Geografie als empirische Wissenschaft werden würde, daran dachte damals freilich niemand.

Manfred Teichmann

Schiefer, im Frankenwald das blaue Gold genannt, prägte das Mittelgebirge, wie kaum anderswo. Schiefer war überall zu finden und jahrhundertelang lebten die Menschen von ihrem blauen Gold. Die Schiefertafel wurde sogar zum Exportschlager und die Welt lernte auf Tafeln aus Ludwigsstadt (siehe Tipp 30) das Schreiben.

Wenn man die A9 von Süden Richtung Berlin fährt, kommt man durch die Münchbergsenke, die natürliche Grenze zwischen den Mittelgebirgen Frankenwald im Westen und Fichtelgebirge im Osten (siehe Tipp 45). Links wie rechts sieht man viel Wald und Wiesen, wobei der Frankenwald kleinteiliger ist und sich mit schieferverkleideten Gebäuden zeigt. Besonders für die Dacheindeckung wird Schiefer verwendet: Er prägt die Frankenwalddörfer bis heute. Und die Hochflächen gehören zu seinen geologischen Besonderheiten. Ein Weg führt ins Höllental bei Lichtenberg. Dort soll in Zukunft die längste Fußgängerbrücke der Welt gebaut werden: 1030 Meter Länge soll das Rekordvorhaben erreichen.

Das Besucherbergwerk Friedrich-Wilhelm-Stollen am Eingang zum wildromantischen Höllental ist dagegen längst geöffnet und informiert über den Bergbau, einen der ältesten Erwerbszweige im Frankenwald. Der Stollen, einst projektiert von Alexander von Humboldt, hat eine Länge von fast einem Kilometer Länge. Auf den ersten 200 Metern können sich Gäste ein Bild machen.

Auch Kupferberg hätte es ohne sein namengebendes Erz nicht gegeben. Das dortige Besucherbergwerk bietet Einblicke in geologische Bedingungen und Arbeitsprozesse des Bergbaus, Führungen geben Einblicke in die Historie, zu Gründung und Aufstieg.

Aber der Frankenwald hatte auch Steinkohlevorkommen: Stockheim, Reitsch, Neuhaus, Schierschnitz waren die einzigen Zechen in Bayern. Aus der Stockheimer Katharinenzeche wurde sogar noch bis 1968 Kohle gefördert.

Und so treffen Schiefer, Erz und Kohle auf gerodete Hochflächen, bewaldete Hänge und Wiesentäler. Ein Kontrast, der die landschaftlichen Schönheiten und ausgewiesene Erholungsgebiete bereichert. Markierte Wander- und Radwanderwege führen durch diese abwechslungsreiche Landschaft und im Winter Skiloipen durch verschneite Wälder.

Der Naturpark Frankenwald gehört zum Mittelgebirgsgürtel Deutschlands und umfasst eine Fläche von rund eintausend Quadratkilometern. Die Besiedlung des früheren Nortwaldes begann schon im 13. Jahrhundert und zwar nicht in den feuchten,

Hochebene mit Bärwurz

von Auwäldern verwachsenen Tälern, sondern zunächst auf den bewaldeten Hochflächen. Auf Rodungsinseln entstanden die ersten Siedlungen. Die Frankenwäldler sind bis heute eng mit ihrem Wald verbunden. Er war Grundlage für ihren Lebensunterhalt in Glas- und Porzellanindustrie sowie Flößerei. Bis nach Amsterdam brachten die Flößer auf Main und Rhein die schönen Frankenwaldtannen.

Ganz anders, lautstark und von Weitem sichtbar, waren die fauchenden Ungeheuer im Herzen von Oberfranken. Das Ende der Dampflok-Zeit war zugleich die Geburtsstunde des Deutschen Dampflokomotiv Museums im Eisenbahndorf Neuenmarkt, am Fuß der ersten europäischen Steilstrecke Schiefe Ebene. Dort sind mehr als 30 Dampflokomotiven zu bestaunen. Und gäbe es nicht schon genug interessante Museen, bietet Weißenbrunn noch das Brauer- und Büttnermuseum, in dem jahrhundertealte Brautraditionen vorgestellt werden. Zu sehen sind ein 14.000 Liter großes Bierfass, der kleinste elektrische Flaschenfüller, ein prächtig herausgeputzter Bier-Fuhrwagen mit alten Holzfäs-

Die Jungferkättl

sern sowie die wohl kleinste funktionsfähige Brauerei mit einem Ausstoß von 500 Millilitern ... Das Bierdorf Weißenbrunn ist aber auch für seine Jungferkättl bekannt, ein Nixen-Brunnen aus Sandstein, aus deren Busen an Kirchweih nicht Wasser, wie sonst, sondern Bier fließt. Dann strömen die Leute herbei, mit Krügen in der Hand, um an Jungferkättls tollen Brüsten kostenfrei ihr Seidla zu füllen. Möglich wird das durch eine noch funktionierende Leitung von der inzwischen stillgelegten Brauerei zum Brunnen.

Schließlich machen wir noch einen Stopp in Oberkotzau, wo unzählige Schilder mit Ortsnamen aus aller Welt zu bestaunen sind. Dazu kommen noch rund 400 Signs of Fame, handsignierte Schilder von prominenten Persönlichkeiten aus Musik, Film, TV, Bühne und Sport, die mit der Signierung eines Grußschildes und ihren Handabdrücken in Ton symbolisch die Hand heben gegen Rassismus und für eine friedvollere Welt. Zu den kuriosesten Ortsschildern gehören Schmedeswurtherwesterdeich – einer der längsten Ortsnamen Deutschlands –, und einer der längsten weltweit: Llanfairpwllgwyngyllgogerychwyrndrobwllllantysiliogogogoch. Das Schild ist 18 Meter lang und der Name erzählt von einer Kirche an einem Wasserstrudel und einer anderen in der Nähe der roten Hölle ... Da dieses Wortungetüm nicht einmal die einheimischen Waliser aussprechen können, wird häufig die Abkürzung Llanfair benutzt.

Schilderwald im Fernweh-Park

Info

Lage: Der Frankenwald liegt im Norden Oberfrankens.

Auskunft: Adolf-Kolping-Straße 1, 96317 Kronach, Tel. 09261 60150, *frankenwald-tourismus.de* und *naturpark-frankenwald.de*

Aktivitäten: unter Tage, *friedrich-wilhelm-stollen.de, bergbau-kupferberg.de*

Event: Kirchweih, *weissenbrunn.de*

Museen: *schiefermuseum.de, dampflokmuseum.de, fernweh-park.de* und Brauer- und Büttnermuseum, *weissenbrunn.de*

Einkaufen: Schiefer-Geschenkartikel, *schieferbergwerk.de*

Restaurant:

- Restaurant Alexander Herrmann by Tobias Bätz: zwei Köche für ein Restaurant mit zwei Michelin-Sternen, High-End-Küche, sehr coole Zimmer; Marktplatz 11, 95339 Wirsberg, Tel. 09227 2080, *herrmanns-posthotel.de/gourmet-restaurant*

Unterkunft:

- Wagners Hotel: ruhig in der Natur gelegen, moderne, minimalistisch, aber stilsicher eingerichtete Zimmer, Saunen innen und außen, zwei Pools, innen mit 30 Grad, Restaurant; Mühlwiesen 1, 96349 Steinwiesen, Tel. 09262 780, *wagners-hotel-frankenwald.de*

39 Frankenwald

DURCHS GRÜNE BAND

Otto Oeder war Grenzbeamter. Am Eisernen Vorhang. Am Todesstreifen. Viele Jahre lang. Von 1967 bis zur Wende 1989: „Ich habe so manchen DDR-Flüchtling in Franken empfangen", sagt der heute 77-Jährige an einer kleinen Furt mitten im Grünen Band. Und er hat so manchen Schuss gehört ... 872 Todesopfer sind offiziell an der Grenze zur DDR verzeichnet. Die Dunkelziffer dürfte weit höher liegen. In seinem Buch „Grenzgänger: Auf Streife am Eisernen Vorhang" erzählt er von seinen Erlebnissen am Todesstreifen.

Bis 1989 teilte der Eiserne Vorhang Deutschland und Europa, zerschnitt in Ost und West, trennte Familien und Freunde. Gleichzeitig entstand das Grüne Band, das im Frankenwald besonders gut sichtbar ist: ein Rückzugsgebiet für Tiere und Pflanzen.

Beim Radeln mit dem E-Bike, das sich an so mancher Frankenwald-Steigung bezahlt macht, ist der politische Aspekt ein zwar unsichtbarer, aber im Kopf stets präsenter Hintergrund. Wie eine hellgrüne Schlange aus Mischwiesen und Laubwald zieht sich das Grüne Band durch das Land, rechts und links eingerahmt von dunklen Fichtenwäldern, bestens sichtbar von Bergkuppen. Die Natur eroberte die Grenzlinie und es entstand ein Rückzugsgebiet für Tiere und Pflanzen, wo man die Stille hört und den Wald riecht. Der Verlauf ist identisch mit dem Todesstreifen und seinen Stacheldrahtzäunen, die auf 1393 Kilometern durch Deutschland für Schrecken sorgten. Diese Zeit ist glücklicherweise vorbei und glücklicherweise darf man in diesem natürlich entstandenen Biotop auch wandern oder Fahrrad fahren. Lärmempfindliche Tiere wie den Schwarzstorch bekommt man nur selten zu sehen, doch Rehe dafür reichlich, auch den einen oder anderen Hirsch mit mächtigem Geweih, Braunkehlchen oder filigrane Feuerfalter. Insgesamt gibt es 21 Säugetierarten, rund 1300 Wirbellose und 850 Pflanzenarten. Als Mittler zwischen Mensch und Natur begleiten auch Ranger durch den Naturpark.

Grünes Band

Otto Oeder

Letztlich ist das Grüne Band Europa an den Grenzstreifen Europas rund 12.500 Kilometer lang, von der Barentssee im Norden bis zum Schwarzen Meer im Südosten. Im Frankenwald ist es besonders gut ausgeprägt.

Info

Auskunft: Adolf-Kolping-Straße 1, 96317 Kronach, Tel. 09261 60150, *frankenwald-tourismus.de* und *naturpark-frankenwald.de*, *erlebnisgrueneshand.de*

Restaurant:

- Adelskammer: 400 Jahre altes Gasthaus; Dorfplatz 10, 95138 Bad Steben-Carlsgrün, Tel. 09288 8440, *gasthof-adelskammer.de*

Unterkunft:

- Landgasthof Hermes: gemütliche Zimmer; Hermes 1, 95352 Marktleugast, Tel. 09255 245, *landgut-hermes.de*

40 Bad Steben

RADON MIT BLING-BLING

Das Staatsbad hat eine lange Kurtradition, verbindet diese geschickt mit modernen Ansprüchen. So gibt es seit 200 Jahren die traditionellen Heilwasser-Quellen mit Radon und Kohlensäure (im Foto die Trinkhalle), aber heutzutage auch Hot Stone auf fränkisch mit heimischen Schiefer oder die Sand-Loggia mit Meeres-Feeling.

1832 stirbt der große Goethe in Weimar. Demokraten und Nationale feiern das Hambacher Fest und in New York nimmt die erste Straßenbahn der Welt, eine Pferdebahn, ihren Betrieb auf. Ein Blick in die Geschichtsbücher zeigt, dass in knapp 200 Jahren ganze Welten liegen können. 1832 ist auch das Jahr, in dem das Königreich Bayern der Gemeinde Steben den Titel Bayerisches Staatsbad verleiht. Eine Auszeichnung mit der Aufgabe, Menschen zu helfen, sie mithilfe der Natur zu heilen. Sechs Jahre später öffnet das erste Badehaus, nach Entwürfen des bayerischen Hofbaumeisters Leo von Klenze, seine Pforten. Er wusste, was der Mensch braucht: Seine Architektur bietet viel Raum, viel Licht, viel Luft. So manches andere aus den 1830er-Jahren wirkt dagegen im 21. Jahrhundert wie Ballast, der, neudeutsch formuliert, die Ergebnisse drückt.

In Franken sind 19 Heilbäder angesiedelt, vier von ihnen sind Bayerische Staatsbäder. Bad Kissingen, Bad Bocklet, Bad Brückenau und eben Bad Steben nehmen seit dem 19. Jahrhundert die Kern-

Kurhaus

aufgaben des Kurgeschehens wahr, stehen aber wirtschaftlich in Konkurrenz mit vorwiegend kommunalen, aber auch privaten Anbietern. Die neue Vision muss demnach lauten: Historisches erhalten, Zeitgemäßes entwickeln.

Das große Kapital von Bad Steben sind bis heute die Heilwasser-Quellen mit Radon und Kohlensäure sowie das Naturmoor, eine Heilmittelkombination, die in Westeuropa einmalig ist. Doch im 21. Jahrhundert gibt es auch Erdbeer-Wellness oder Vinotherapie. Ein bisschen Bling-Bling gehört ja stets zum Geschäft. Und bei Hot Stone auf fränkisch werden erwärmte Frankenwald-Schiefersteine auf die Energiepunkte des Körpers platziert. Neben Hot Stone gibt es auch Seifenmassagen auf heißem Schieferstein, die Schiefer-Dampfgrotte oder eine Schieferstein-Heilschlamm-Entspannung. Und heiße Moorbäder sollen durch die Substanzen Fulvin- und Ulminsäure, die während des Bades in den Körper gelangen, sogar bei Kinderwunsch für Unterstützung sorgen.

Bad Steben – mit gerade einmal 3500 Einwohnern – hat 1700 Betten für 40.000 Übernachtungsgäste, tausend davon stehen in Krankenhäusern. Das Konzept Staatsbad war nie darauf ausgelegt, eine Null zu schreiben und die Aufwendungen für die allge-

Kurpark

Fachwerk

meinen Kur-Infrastrukturleistungen können mit der Kurtaxe längst nicht gedeckt werden. Und wo man wahrscheinlich Geld verdienen könnte, gibt es andere Barrieren: „Ich soll Profit machen, darf aber nicht werben. Das ist schwierig", klagt Udo Braunersreuther. Er ist der Direktor der ortsansässigen modernen Spielbank, die seit 2001 in Betrieb ist. „Bis auf die letzten Jahre sind zwar Milliardengewinne von den bayerischen Spielbanken an den Freistaat abgeführt worden, aber die Finanzkrise, die Spielkonkurrenz im Internet, das Rauchverbot und Covid sorgten zuletzt für Verluste." Die wellenförmige Architektur des Casinos soll das Auf und Ab des Glücks symbolisieren, doch es scheint, dass das Ab die Oberhand behält: Obwohl in all den Bad Stebener Jahren erst ein Gast sechsstellig gewonnen hat, macht das Casino jährlich, mit 30.000 Besuchern, zwar 2,3 Millionen Umsatz, aber keine Gewinne. Wer es wagen will: Die moderne Spielbank lockt für das große und kleine Spiel. Anzug- und Krawattenpflicht gibt es nicht mehr. Für den Herrn reicht das Jackett.

„Wir haben alles hier! Moderne Anlagen und eine intakte Natur drumherum – das ist der Reiz von Bayerns höchstgelegenem Staatsbad", sagt Ottmar Lang optimistisch. Der Kurdirektor hat die Aufgabe bekommen, Bad Steben von einem klassischen Kurort zu einem Erholungsort zu machen. Genau 578 Meter hoch liegt dieses Bad Steben, das wie die anderen Bayerischen Staatsbäder von einem historisch gewachsenen staatlichen Kurbad mit all seinen Pflichten, den Gebäuden, den Kulturveranstaltungen, den Orchestern und Theatern zu einem profitablen Unternehmen entschlackt werden soll. Dabei helfen moderne Angebote: Im

Wellness-Dome stehen Light-Shows auf dem Programm, es gibt Farbspiele in der Schiefer-Dampfgrotte und auch die Sand-Loggia mit Meeres-Feeling stülpt sich über die Kurbad-Aura und lässt sie finstere Vergangenheit sein. Die Zeiten sind vorbei, wo mit dem nicht geschützten Begriff Wellness Etikettenschwindel betrieben wurde. Da baute einer eine Sauna in den Keller – und schon wurde das Etikett „... & Spa" daraus. Eine Gemeinde gab die Empfehlung, barfuß im Sand spazieren zu gehen, und mauserte sich zum Heilbad. Nichts davon trifft auf Bad Steben zu: Alle Einrichtungen und Angebote stehen auf hohem Niveau. Jetzt fehlen zusätzlich zu den eher älteren Kurgästen die jüngere Kundschaft sowie ein paar Hotels mit vier, fünf Sternen und weitläufigen, modernen Sauna- und Poollandschaften, um auch für die finanzkräftigen Gäste eine gute Wahl zu sein. Aber was noch nicht ist, kann ja noch werden. Der Grundstein für den Wandel ist jedenfalls gelegt in Bad Steben. Und der Ansatz Kilometer-Null-Wellness ist kein schlechter Ansatz ... Schon Alexander von Humboldt erkannte: „Diesseits des Meeres finde ich wohl nie so einen Ort wieder." Das sagte der Naturwissenschaftler nicht von seiner Heimatstadt Berlin oder von Paris, wo er auch länger weilte, sondern vom kleinen Bad Steben in Oberfranken.

Humboldthaus

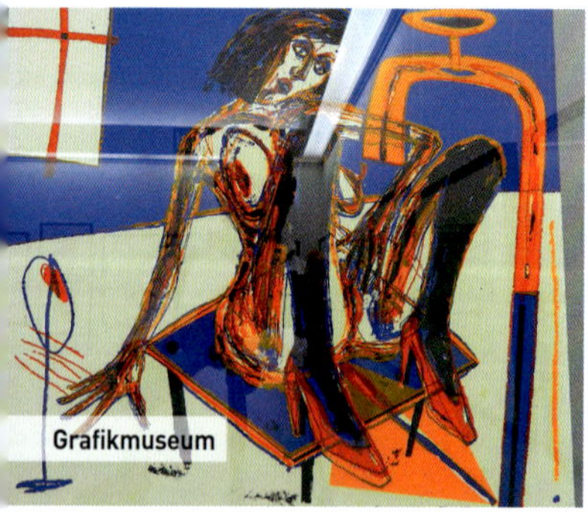

Grafikmuseum

Sehenswert ist neben dem Humboldthaus und der schiefergedeckten Walburgakirche das alte Kurzentrum mit Säulenwandelhalle, Klenzes Badehaus und der blumenreiche Kurpark. In der Trinkhalle sollte man ein Quellwasser mit Radon und Kohlensäure probieren. Aus der Wiesenquelle trank schon der 16 Jahre junge Bertolt Brecht, als er mit seiner Mutter in Bad Steben weilte. Im Kurhaus befindet sich aber auch das Grafikmuseum mit zeitgenössischen Werken junger Künstler.

Info

Lage: Bad Steben liegt etwa 26 Kilometer westlich von Hof.

Auskunft: Badstraße 31, 95138 Bad Steben, Tel. 09288 7470, *bad-steben.de*

Aktivitäten: auf dem nahen Rennsteig wandern, *rennsteig.de, therme-bad-steben.de, spielbanken-bayern.de/spielbanken/bad-steben*

Event: Biedermeierfest und Flanieren in Gehrock und wallenden Kleidern, *biedermeierbadsteben.de*

Museum: *grafikmuseum-schreiner.de*

Restaurants:

- Promenade: Kalbsbraten, Schnitzel, Schäufele, Kaiserschmarrn, Vegetarisches, schöne Zimmer; Badstraße 16, 95138 Bad Steben, Tel. 09288 97430, *hotel-promenade.de*
- Kaminstube: Kneipe mit Brotzeiten; Hemplastraße 1a, 95138 Bad Steben, Tel. 09288 1466, *kaminstube-die-kullkneipe-in-bad-steben.brunch-lunch-dinner.de*

Unterkünfte:

- Relaxa: plüschiges 4-Sterne-Hotel mit moderner, großzügiger Bade- und Saunalandschaft, gutes Restaurant; Badstraße 26, 95138 Bad Steben, Tel. 09288 720, *relexa-hotel-bad-steben.de*
- Bad Stebener Hof: modernes 3-Sterne-Hotel mit attraktiven Mehrtagesangeboten, Sauna, Dampfbad; Badstraße 10, 95138 Bad Steben, Tel. 09288 9579260, *bad-stebener-hof.de*

41 Helmbrechts

KLEIDERSCHRANK DER WELT

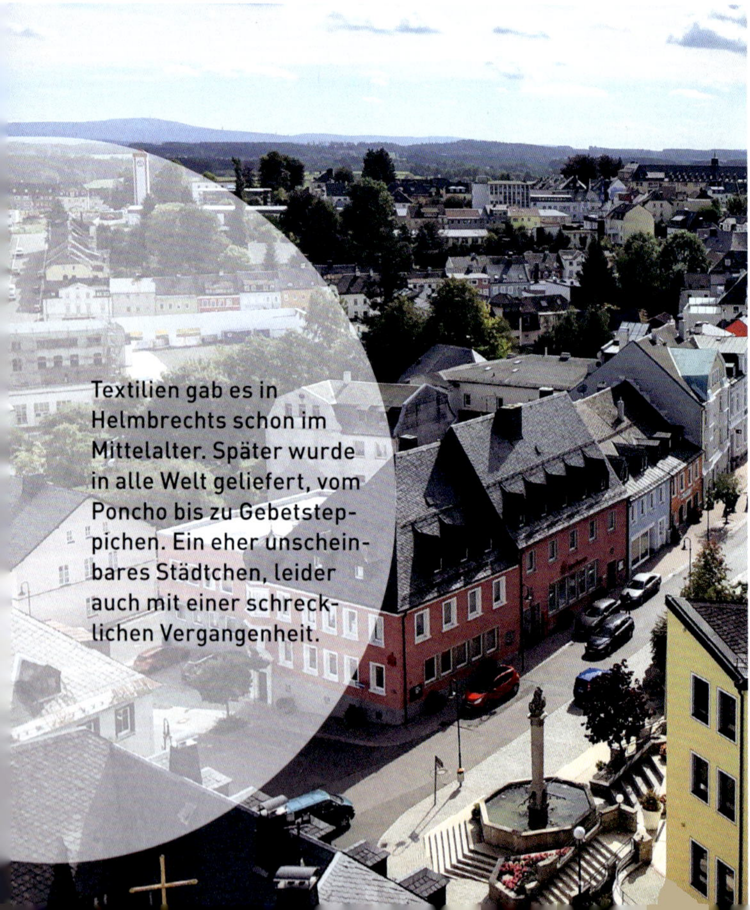

Textilien gab es in Helmbrechts schon im Mittelalter. Später wurde in alle Welt geliefert, vom Poncho bis zu Gebetsteppichen. Ein eher unscheinbares Städtchen, leider auch mit einer schrecklichen Vergangenheit.

Ein Blick von oben verschafft schöne Ausblicke, Orientierung – und früher vor allem Sicherheit. Deshalb verfasste Markgraf Friedrich 1498 eine Anordnung für ein detailliertes Beobachtungssystem, um sein Markgraftum Brandenburg-Kulmbach zu schützen. Die Wachposten sollten rechtzeitig warnen können, sodass man bei einem Angriff gewappnet war. Der Wartturm auf dem Kirchberg in 678 Meter Höhe war ein Teil von Friedrichs Verteidigungssystem. Auf den Vorgänger folgte der heutige Aussichtsturm am Nordrand der Stadt: Er wurde 1895 erbaut, hat eine Höhe von 22 Metern und dient ausschließlich für Ausblick und Orientierung.

Helmbrechts ist bis heute ein Zentrum der Textil- und Kunststoffindustrie. Schon im Mittelalter befanden sich in der Stadt Webereien. Die Bauern erwarben sich so einen Nebenverdienst, da der Boden oft nicht viel hergab. In der Blütezeit der Textilindustrie waren mehr als 80 Textilunternehmen in Helmbrechts registriert, weshalb die Stadt auch gerne als Kleiderschrank der Welt bezeich-

Das Textilmuseum

Veranstaltungsreihe Kulturwelten

net wird. Um 1900 wurden in mehr als 140 Länder der Erde von Helmbrechts aus Textilien exportiert: Afghanistan verlangte nach Tüchern, Indien bestellte Saris, südamerikanische Länder benötigten Ponchos und nach Persien wurden Gebetsteppiche geliefert.

Das Oberfränkische Textilmusem gibt Einblicke in die Welt der Textilien, das harte und entbehrungsreiche Leben der Weber und in die mechanische Weberei. Besucher können dort auch am längsten Schal der Welt mitweben. Denn an ihm wird kontinuierlich weitergearbeitet: Derzeit ist der Schal vier Kilometer lang!

So witzig der Schal, so traurig ist die Tatsache, dass Helmbrechts seit 1944 ein Konzentrationslager für weibliche Häftlinge hatte. Die bis zu tausend Insassinnen wurden in den Hallen des Textilunternehmens Witt zur Zwangsarbeit herangezogen. Viele starben ausmergelt. An die Opfer erinnert heute eine Gedenktafel auf dem Helmbrechtser Friedhof.

Rathausplatz

Info

Lage: Helmbrechts liegt etwa 20 Kilometer südwestlich von Hof.

Auskunft: Luitpoldstraße 21, 95233 Helmbrechts, Tel. 09252 7010, *stadt-helmbrechts.de*

Aktivitäten: Wellenhallenbad, *aquawell.info*

Event: Veranstaltungsreihe Kulturwelten

Museum: *textilmuseum.de*

Restaurant:

- Birkenhof: Schnitzel, Fisch, Salate; Schützenstraße 22, 95233 Helmbrechts, Tel. 09252 5135, *gaststaette-birkenhof.de*

Unterkunft:

- Bischofsmühle: liebevoll eingerichtete Zimmer, Restaurant mit Biergarten; Bischofsmühle 1, 95233 Helmbrechts, Tel. 092 89 367, *gasthof-bischofsmuehle.de*

42 Mödlareuth

LITTLE BERLIN

Eine Mauer mitten durch den Ort: Sogar die jetzigen Nachbildungen von Mauer, Stacheldrahtzäunen und Wachtürmen wirken beklemmend. Wie muss erst die Realität gewesen sein? Der kleine Ort ist ein Stück dunkler deutscher Geschichte, denn Mödlareuth wurde zu einem Symbol der Trennung Deutschlands.

Die menschenunwürdige Grenzziehung der DDR war für alle Deutsche schrecklich, doch für Mödlareuth, durch das bis heute die bayerisch-thüringische Grenze verläuft, noch brutaler, denn die Mauer von Mödlareuth verlief wie in Berlin durch die Stadt, mitten durchs Dorf und sie wurde wie das große Gegenstück in Berlin zum Symbol der deutschen Teilung. In Oberfranken war die Mauer 700 Meter lang, drei Meter hoch und bestens bewacht. Sogar die heute zu sehenden Nachbildungen wirken beklemmend. Wie muss erst die echte Mauer auf die Menschen gewirkt haben? Einblicke geben Dokumentationen und die Exponate im Deutsch-Deutschen Museum im Ort. Nach dem Teilabriss der Mauer am 17. Juni 1990 entstanden schon ab 3. September des gleichen Jahres Gedenkstätte und Freilichtmuseum mit dem Zweck, „ein Zeugnis für die Verbrechen der SED-Diktatur, ein Ort der Erinnerung an die deutsche Teilung und des Gedenkens an deren Opfer zu sein".

Die Grenze im Dorf gab es schon lange. 1810 wurden entlang des Tannbaches erste Grenzsteine gesetzt: Die eingemeißelten Initialen KB für das Königreich Bayern auf der westlichen und FR für das Fürstentum Reuß auf der östlichen Seite dokumentieren bis heute die Zugehörigkeit Mödlareuths zu verschiedenen Landesherren. Nach dem Ende des Ersten Weltkrieges ging der Westteil Mödlareuths in den neu gegründeten Freistaat Bayern, der Ostteil in das Land Thüringen über. Der Tannbach als Grenzverlauf blieb als reine Verwaltungsgrenze bestehen, die das Alltagsleben der Mödlareuther aber nicht beeinträchtigte. So befanden sich Wirtshaus und Schule im thüringischen Teil, zum Gottesdienst ging man gemeinsam nach Bayern.

Der Blick nach drüben

Nach Ende des Zweiten Weltkrieges sollte die Demarkationslinie für Mödlareuth aber von schwerwiegender Bedeutung werden: Mödlareuth-Ost lag nun in der sowjetischen und Mödlareuth-West in der amerikanischen Besatzungszone. 1952 wurde auf DDR-Seite zunächst ein übermannshoher Bretterzaun errichtet. Sechs Jahre später folgte ein Stacheldrahtzaun, der schließlich 1966 durch eine Betonmauer ersetzt wurde. Außerhalb des Orts trennte ein Metallgitterzaun mit Selbstschussanlagen den Osten vom Westen. Einen Checkpoint, wie in Berlin, gab es nicht. Mehr als 37 Jahre lang war es auf legale Weise nicht möglich, vom einen in den anderen Ortsteil zu gelangen. Familien wurden getrennt, Freundschaften, der ganze Ort ... Es war sogar verboten, von Ost nach West zu winken oder zu grüßen. „Unzuverlässige Bewohner grenznaher DDR-Gebiete" wurden zwangsumgesiedelt. Darunter waren auch Bewohner von Mödlareuth. Diese Aktion hatte einen Namen, der alles über das menschenverachtende DDR-Regime aussagt: „Ungeziefer" Nur einem Mödlareuther gelang die Flucht in die Bundesrepublik. Das war im Jahr 1973.

Nachbildungen von Mauer, ...

In Little Berlin, wie die Amerikaner sagten, oder aber auch an der Thüringer Warte bei Lauenstein (siehe Tipp 30), die früher Fenster in die DDR hieß, spürt man noch heute, was der kalte Krieg für den letzten Zipfel Frankens bedeutete: Isolierung, sozial und wirtschaftlich, weil abgeschnitten von funktionierenden Handels- und Verkehrsströmen. Nach der De-facto-Teilung Europas in Ost und West versuchte zwar der westdeutsche Staat diese wirtschaftsgeografische Randlage mit Beihilfen zu kompensieren. Und es half auch – wenigstens ein bisschen. Doch nach 1990 wurde die Grenzlandförderung eingestellt, die Konkurrenz aus Tschechien nebst billigen Arbeitskräften kam und Firmen wanderten dahin ab, wo es andere Fördergelder gab. Aber irgendwie lebte und lebt man trotzdem weiter in Mödlareuth, dem berühmt gewordenen Grenzdorf, das schon seit Langem besiedelt ist: Das Bestehen des Ortes wird urkundlich erstmals 1289 dokumentiert. Heute zählt Mödlareuth gerade mal 40 Einwohner.

... Zaun und Wachturm

Info

Lage: Mödlareuth liegt 13 Kilometer nördlich von Hof.

Auskunft: *moedlareuth.de*

Aktivitäten: Ausflug zum Drei-Freistaaten-Stein, wo Bayern, Thüringen und Sachsen aufeinandertreffen, drei Kilometer östlich

Museum: *moedlareuth.de/museum*

Restaurant:

- Schwarzes Ross: Der Gasthof Zum Grenzgänger im ehemaligen Schulgebäude von Mödlareuth ist geschlossen. Aber drei Kilometer südlich gibt es Italienisches mit Pasta, Pizza, Fleisch und Fisch; Kirchstraße 6, 95183 Töpen, Tel. 09295 9159888, *www.ristorante-schwarzes-ross-toepen.de*

Unterkunft:

- Ambiente: Mödlareuth bietet auch kein Hotel. Ebenfalls in Töpen liegt aber das Mittelklassehotel Ambiente mit schicken, vorwiegend in weiß gehaltenen Zimmern; Moosanger 4, 95183 Töpen, Tel. 09295 9730, *hotel-ambiente.com*

43 Schwarzenbach

GRÜBEL, GRÜBEL UND STUDIER

Im einzigen Museum in Deutschland, in dem es ausschließlich um Comics geht, lassen 10.000 Donald-Duck- und weitere Comic-Figuren, der Entenhausener Familien-Stammbaum, das Dagobert-Taler-Bad und 2000 Comic-Bände die Herzen der Fans höher schlagen. Ein Besuch im Erika-Fuchs-Haus in Schwarzenbach an der Saale.

Gähn, zitter, stöhn, lach – solche auf den Wortstamm verkürzte Verben, sogenannte Inflektive, gehören zur Comic-Sprache wie der Deckel auf den Topf – speziell in Entenhausen, wo Donald Duck in Deutschland zu Hause ist: jene nette Watschelente mit ihren ach so menschlichen Problemen. Im amerikanischen Original heißt Donalds Heimat Duckburg. Aber die deutsche Übersetzerin Erika Fuchs, der zu Ehren die Inflektive auch Erikative genannt werden, verlegte Disneys fiktive Entenwelt für die deutschen Ausgaben in ihre oberfränkische Heimat, rund um Schwarzenbach an der Saale bei Hof (siehe Tipp 37). Dort betreibt Dagobert Duck, der ebenso steinreiche wie geizige Onkel von Donald, einen Skilift auf dem Ochsenkopf, wo sich gute Taler machen lassen. Andere Episoden spielen in Kleinschloppen, Schnarchenreuth oder Schnabelwaid.

Das Erika-Fuchs-Haus

„Die Jugend liest ja nicht mehr", sagt ein Museumsbesucher. Er freut sich über den Pegelstand der Goldtaler von Dagobert Ducks Talerbad und erinnert sich: „Ich habe Comics immer unter der Bettdecke mit der Taschenlampe weitergelesen, wenn ich das Licht ausmachen musste." Es gibt nur wenige Menschen, die lesen und schreiben können, aber noch nie einen Comic in der Hand gehabt haben. „Comics sind zeitlos, global und seit Jahrhunderten präsent", sagt Joanna Straczowski, die Leiterin im Museum Erika-Fuchs-Haus. Genauer gesagt, schon seit 3400 Jahren: Im altägyptischen Grab des Menna sieht man eine Bildfolge von der Ernte bis zur Verarbeitung von Getreide im Zickzack von unten nach oben. Per Definition sind Bildergeschichten aneinander gereihte Kästen mit gezeichnetem Inhalt und wenig Text. Erst im 18. Jahrhundert bekamen sie auch komische Inhalte und wurden dann Comics genannt. „Micky Maus", „Donald Duck",

„Lucky Luke", „Fix und Foxi", „Asterix & Obelix" und Mangas aus Japan waren in der Nachkriegszeit Welterfolge mit Milliarden-Auflagen. „Unsere Präsenzbibliothek ist vom Fußboden bis zur Decke voll: Die Besucher können in rund 2000 Bänden aus 56 Verlagen stöbern", sagt die 36-jährige Museumsdirektorin.

1951 erschien das erste deutschsprachige „Micky-Maus-Magazin", mit Erika Fuchs als Chefredakteurin, für damals stolze 75 Pfennig: bis in die 1980er-Jahre „Die größte Jugendzeitschrift der Welt", so der Untertiel. Ihre Inflektive, die regionale Ansiedlung der amerikanischen Figuren und ihre genialen Übersetzungen machten sie zur Grande Dame der deutschen Comics. Ihr zu Ehren wurde das Museum auch Erika-Fuchs-Haus benannt: das einzige Museum Deutschlands, das sich ausschließlich Comics und deren Sprachkunst widmet. Die Idee, so ein Museum zu realisieren, geht allerdings auf den Duck- und Entenhausen-Sammler Gerhard Severin zurück, der der Stadt seine Sammlung als Grundstock anbot und Schwarzenbach diese dankend annahm.

Donald und ...

... das Taler-Bad

Ein achtminütiger Film führt im Museum ins Thema ein, eine Nachbildung von Entenhausen mit interaktiver Karte, bei der man sieht, wie viel Erika Fuchs aus der Region nach Entenhausen hat einfließen lassen, sowie Dokumentationen zu Werk und Arbeit der Übersetzerin runden das Angebot inhaltlich ab. Besonders die interaktiven Stationen, an denen man nachvollziehen kann, wie Erika Fuchs Lautmalereien, Alliterationen, Wortschöpfungen, Zitate und ihre Erikative eingesetzt hat, finden viel Gefallen. Und im angeschlossenen Museums-Shop findet man – grübel, grübel und studier – Comic-Bücher, -Bände, -Bilder …

Doch Schwarzenbach hat noch eine weitere Attraktion: das Traktormuseum mit 150 historischen Trekkern von Fendt, Hanomag, MAN, Deutz, Porsche aus den Jahren 1920 bis 1970. Außerdem sind 1200 Minimodelle aus aller Welt zu begutachten. Beim Wiesenfest werden die Oldtimer auch mal aus dem Museum geholt und tuckern dann durch die Straßen von Schwarzenbach.

Info

Lage: Schwarzenbach a.d.Saale liegt ca. zwölf Kilometer südlich von Hof.

Auskunft: Ludwigstraße 4, 95126 Schwarzenbach a.d.Saale, Tel. 09284 93331, *schwarzenbach-saale.de*

Event: Wiesenfest im Juli

Museum: *erika-fuchs.de;* Traktormuseum, Bahnhofsplatz 7

Restaurants:

- Völkenreuther Wirtshaus: holzvertäfelte Gaststube mit Fränkischem wie Gansbrust oder Spanferkelhäxla, Biergarten; Völkenreuth 3, 95126 Schwarzenbach a.d. Saale, Tel. 09284 8520, *voelkenreuther-wirtshaus.de*
- Café Hein: jede Woche Bier von einer anderen Brauerei, dazu fränkische Küche, Biergarten; Münchberger Straße 17, 95126 Schwarzenbach a.d.Saale, Tel. 09284 7574, *cafe-hein.de*

Unterkunft:

- Hotel Braukeller: Liegt etwas außerhalb, aber das nette Haus lohnt den knappen Kilometer Richtung Fattigau. Gutes Restaurant; Hauptstraße 9, 95145 Oberkotzau, Tel. 09286 9543918, *braukeller.eatbu.com*

Wunsiedel

Am Untreusee im Fichtelgebirge

Wunsiedel

44. Wunsiedel: ein Ständchen fürs Wasser
45. Fichtelgebirge: im Sechsämterland
46. Die Seen im Fichtelgebirge: Wenn der Sommer nicht mehr weit ist …
47. Bad Alexandersbad: Schampus der Natur
48. Marktredwitz: Besuch in Rawetz
49. Selb: Stadt, Space und Shuttle
50. Arzberg: Kleiner Johannes ganz groß

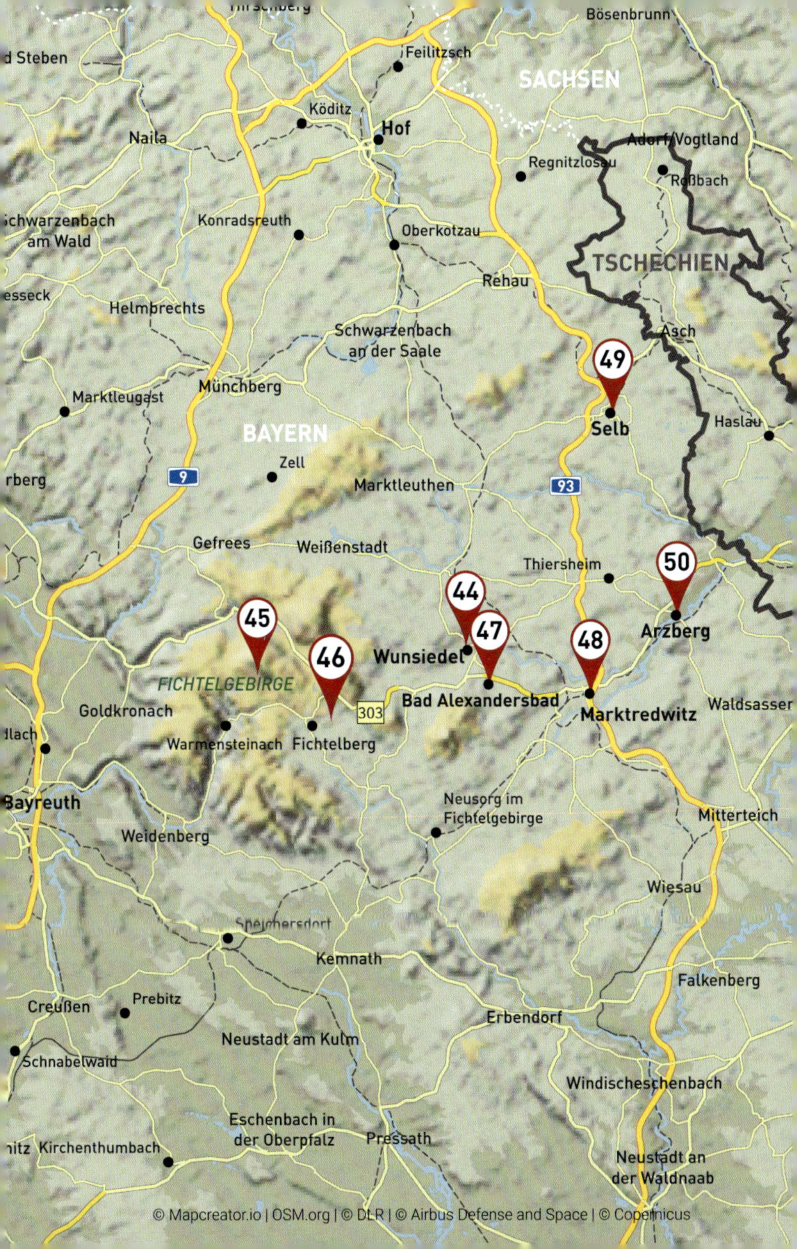
Bösenbrunn
Feilitzsch
SACHSEN
Köditz
Hof
Naila
Adorf/Vogtland
Regnitzlosau
Roßbach
Konradsreuth
Oberkotzau
TSCHECHIEN
Rehau
Helmbrechts
Schwarzenbach an der Saale
Asch
49
Selb
Marktleugast
Münchberg
Haslau
BAYERN
Zell
9
93
Marktleuthen
Gefrees
Weißenstadt
Thiersheim
50
44
Arzberg
45
47
48
46
Wunsiedel
FICHTELGEBIRGE
303
Bad Alexandersbad
Marktredwitz
Waldsasser
Goldkronach
Warmensteinach
Fichtelberg
Bayreuth
Neusorg im Fichtelgebirge
Mitterteich
Weidenberg
Wiesau
Kemnath
Falkenberg
Prebitz
Creußen
Erbendorf
Neustadt am Kulm
Schnabelwaid
Windischeschenbach
Eschenbach in der Oberpfalz
Pressath
Kirchenthumbach
Neustadt an der Waldnaab

44 Wunsiedel

EIN STÄNDCHEN FÜRS WASSER

In die bundesweiten Schlagzeilen schaffte es Wunsiedel als eine Kleinstadt, die mehr erneuerbare Energie erzeugt, als sie verbrauchen kann. In Zeiten der Klimakrise freuen sich natürlich auch Touristen über solche wegweisenden Nachrichten, besuchen dann aber doch eher die Luisenburg-Festspiele und nicht den Energiepark der Stadt.

Bei Wunsiedel – 10.000 Einwohner, rund 500 Meter hoch gelegen, Geburtsort des Schriftstellers Jean Paul – weiß man gar nicht, wo man mit einem Stadtportät anfangen soll: Tatsächlich bei der Energiestadt? Oder doch bei den Luisenburg-Festspielen? Vielleicht beim Brunnenfest? Bei Jean Paul, der von Wunsiedel schwärmte: „Ich bin gern in Dir geboren, Städtchen am langen hohen Gebirge, dessen Gipfel wie Adlerhäupter zu uns niedersehen. Ich bin gern in Dir geboren, kleine, aber gute, lichte Stadt". Nein, wir beginnen aus Aktualitätsgründen im britischen Stonehenge, dem weltbekannten Weltkulturerbe, weil die Wunsiedler – so hat es der Stadtrat beschlossen – bald ein Wunhenge bauen möchten ...

Mit Wunhenge ist ein 1:1-Nachbau des Steinkreises von Stonehenge gemeint, mit dem Wunsiedels Bürgermeister Nicolas Lahovnik die Hoffnung verbindet, „die Stadt wieder interessant zu machen". Er rechnet in Zukunft mit stattlichen 100.000 Besuchern jährlich. Dem stehen geplante Baukosten von mehr als fünf Millionen Euro gegenüber, die aber auf Sicht durch den Eintrittspreis amortisiert werden sollen. Alle Wunsiedler sind damit freilich nicht einverstanden, befürchten sie doch, dass ihr Städtchen dadurch verkitscht und kommerzialisiert wird.

Ganz anders das traditionelle Brunnenfest: Da sind sich alle Bürger einig. Es wird jedes Jahr am Wochenende vor Johanni, also dem 24. Juni, gefeiert. In aufwendiger Kleinarbeit schmücken die Leute alle 36 Brunnen mit Blumen, Lämpchen und Kerzen – sogar den vor dem Finanzamt, der den süffisanten Namen Steuerquelle trägt. Bei Einbruch der Dunkelheit ziehen dann Musikanten von Brunnen zu Brunnen und bringen ein Ständchen dar.

Das Fest geht auf eine Sage zurück, als in einem heißen Sommer das Wasser versiegte, und Mensch wie Vieh größte Not erleiden mussten. Als das Wasser wiederkam, flochten die Bürger von Wunsiedel zum Dank Kränze und schmückten die Brunnen. Der alte heidnische Brauch geriet zwar eine ganze Weile in Verges-

Die Steuerquelle

senheit: Einst glaubte man in Europa ja, man könne die Geister der Quellen und Gewässer günstig stimmen, wenn man ihnen frische Blumen und frisches Grün in magischen Formen, als Kränze oder Girlanden gebunden, darbringe. Doch seit 1833 lebt die Tradition wieder: Die Anwohner der einzelnen Brunnen bilden sogar Brunnengemeinschaften und wetteiferten miteinander. Am frühen Morgen werden die Brunnen ausstaffiert, am Abend die Lichter angezündet. Die Einzigartigkeit des Festes veranlasste das Expertenkomitee bei der Deutschen UNESCO-Kommission, das Wunsiedler Brunnenfest in das bundesweite Verzeichnis des immateriellen Kulturerbes aufzunehmen.

Die Freilichtbühne

Auch die bundesweit bekannten Luisenburg-Festspiele finden natürlich große Anerkennung in der Stadt. Ob Schauspiele wie „Die Schöne und das Biest“,

„Frankenstein" als Musical oder die Oper „Rigoletto": Das Programm ist vielfältig, stets populär und immer wieder finden namhafte Schauspieler und Regisseure den Weg nach Oberfranken. Die Erfolgsgeschichte der ältesten deutschen Freilichtbühne mit alljährlichen 140.000 Besuchern dauert nun schon seit 1890 an.

Der Name Luisenburg steht aber auch für das größte Felsenlabyrinth in Europa. Und darin kann man sich wirklich ganz schön verirren! Zwischen riesigen Felsbrocken, umrandet von Höhlen und Schluchten, zwängt man sich zuweilen durch bis zu 300 Millionen Jahre alte Granitsteinformationen. Ein wunderbares Vergnügen! Namenspatin für das einzigartige Felsenmeer Luisenburg war übrigens die preußische Königin Luise, die dort 1805 zu Besuch war.

Im Felsenmeer

Luise war Gast der Stadt, Jean Paul dagegen ist ein Einheimischer: Der berühmteste Sohn Wunsiedels wurde 1763 am heutigen Jean-Paul-Platz 5 geboren. Der Vater nahm zwar bald eine Stelle in Joditz bei Hof (siehe Tipp 37) an, sodass Jean Paul nur die ersten zweieinhalb Jahre in Wunsiedel lebte. In den schweren, von Not geprägten Jugend- und Studienjahren kehrte er aber immer wieder zurück und bekam viel Hilfe von den Wunsiedlern, weshalb er wahrscheinlich bis ins hohe Alter so von der Stadt schwärmte. Literaturgeschichtlich ist Jean Paul zwischen den Epochen Klassik und Romantik einzuordnen. Ohne Zweifel gehört er zu den ganz großen Dichtern Deutschlands, an den man in Wunsiedel mit einem Denkmal und – natürlich – mit einem Brunnen erinnert.

Das Wahrzeichen der Stadt ist aber das Koppetentor, eine Herzenssache: Der Turm von 1471, der im Zuge einer Stadtmauererweiterung gebaut wurde, hatte zunächst nur ein Notdach und wirkte dadurch koppet, also abgekoppt. Es handelt sich um den letzten verbliebenen Stadttorturm, ausgestattet mit einer filigranen Wanduhr.

Beim Rundgang durch die historische Altstadt stößt man außerdem auf das Rathaus auf dem rechteckigen Marktplatz, dessen Rathaussaal zu den kulturhistorisch bedeutsamsten aus dem 19. Jahrhundert in Oberfranken zählt. Und vor allem auf das Fichtelgebirgsmuseum: Das größte bayerische Regionalmuseum besitzt zum einen eine umfangreiche Stein- und Mineraliensammlung und gibt zum anderen Einblicke in das Leben auf dem Land in der Region: Welche Bedeutung hatte die Landwirtschaft oder etwa die Konservierung von Lebensmitteln? Das Wohnhaus ist als Freilichtgebäude gestaltet, zeigt eine Wohnsituation um 1920. Und das Museum begleitet den Besucher auf Wunsiedels Weg vom Bergbau im Mittelalter bis zur heutigen Industrieregion.

Schließlich gibt es noch den Katharinenberg, die älteste von Bürgern errichtete Parkanlage in Bayern, mit Greifvogelpark, Falknerei und Rotwildgehege. Namensgeberin ist die dortige Wallfahrtskirche St. Katharina. Sie wurde 1350 erbaut und ihre Ruine gilt als das älteste Bauwerk der Stadt.

Info

Lage: Wunsiedel liegt etwa 130 Kilometer nordöstlich von Nürnberg.

Auskunft: Marktplatz 6, 95632 Wunsiedel, Tel. 09232 6020, *wunsiedel.de*

Aktivitäten: Festspiele, *luisenburg-aktuell.de; felsenlabyrinth.com/luisenburg; falknerei-katharinenberg.de*

Event: Brunnenfest am Wochenende vor dem Johannistag, dem 24. Juni

Museum: *fichtelgebirgsmuseum.de*

Restaurants:

- Kösseinehaus: Waldwirtschaft mit Biergarten. Schnitzel. Rouladen, Kaiserschmarrn; Kösseinehaus 1, 95632 Wunsiedel, Tel. 09232 2061, *das-koesseinehaus.de*
- Wirtshaus im Gut: schöne holzvertäfelte Gaststube; Göpfersgrün 2, 95632 Wunsiedel, Tel. 09232 917767, *wirtshausimgut.de*
- Eis Oase: täglich hausgemachtes, sehr gutes italienisches Eis; Marktplatz 4, 95632 Wunsiedel, Tel. 09232 8221

Unterkünfte:

- Bräustüberl Schönbrunn: großzügige, romantische Zimmer, Restaurant mit Biergarten; Brunnenstraße 10, 95632 Wunsiedel, Tel. 09232 2813, *bräustüberl-schönbrunn.de*
- Luisenburg Resort: nahe Freilichtbühne und Labyrinth, moderne Zimmer, fast alle mit Balkon, Restaurant; Luisenburg 1, 95632 Wunsiedel, Tel. 09232 9155949, *luisenburgresort.de*

45 Fichtelgebirge

IM SECHSÄMTERLAND

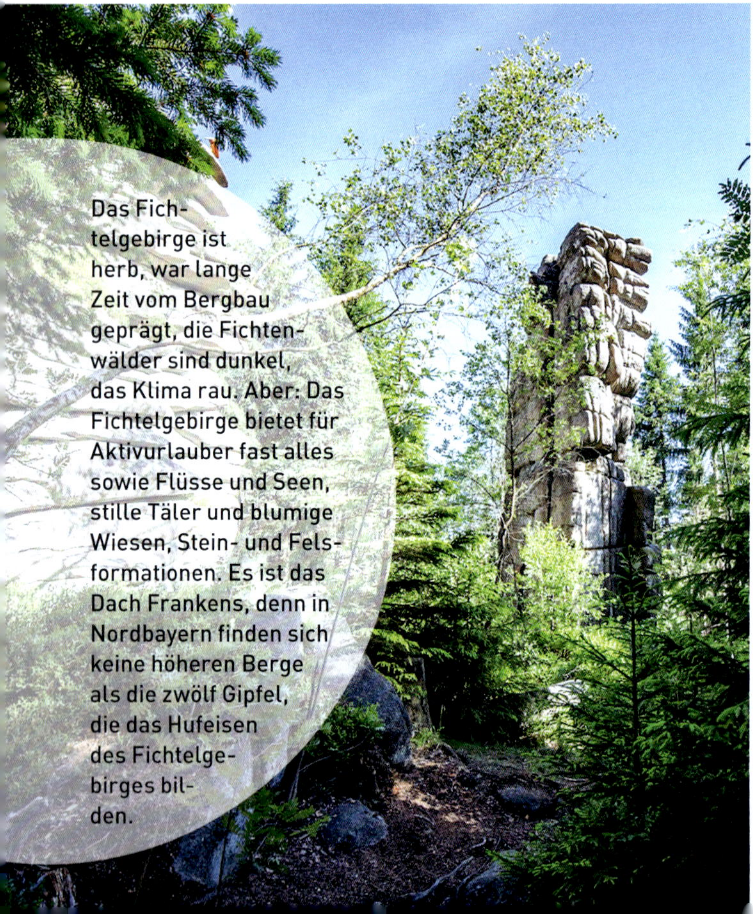

Das Fichtelgebirge ist herb, war lange Zeit vom Bergbau geprägt, die Fichtenwälder sind dunkel, das Klima rau. Aber: Das Fichtelgebirge bietet für Aktivurlauber fast alles sowie Flüsse und Seen, stille Täler und blumige Wiesen, Stein- und Felsformationen. Es ist das Dach Frankens, denn in Nordbayern finden sich keine höheren Berge als die zwölf Gipfel, die das Hufeisen des Fichtelgebirges bilden.

Drei-Brüder-Felsen

Raubritter sollen sie einst in die Flucht getrieben und ein böser Geist in Felsen verwandelt haben: So die Sage über die drei Brüder, nach denen der Drei-Brüder-Felsen benannt wurde. Die Felsformation bei Meierhof, einem Ortsteil von Weißenstadt, findet man am Rudolphstein auf einer Höhe von 840 Metern: drei nebeneinander stehende, mächtige und bizarre Granitfelsen, die durch Verwitterung und Abtragung entstanden sind.

Das Fichtelgebirge ist aber nicht nur gesteins-, sondern auch waldreich und erhebt sich hufeisenförmig auf etwas mehr als tausend Meter, von Bayreuth im Westen (siehe Tipp 1) bis zur tschechischen Grenze im Osten, im Norden bis Hof (siehe Tipp 37) und im Süden bis in die Oberpfalz. In einem Umkreis von 15 Kilometern sprudeln die Quellen der vier Flüsse Main, Naab, Saale und Eger, die in drei Himmelsrichtungen fließen und so die Region beinahe mit ganz Europa verbinden: Der (Rote) Main entspringt am Ochsenkopf und fließt nach Westen in den Rhein. Die Naab hat ihre Quelle ebenfalls am Ochsenkopf, fließt aber nach Süden in die Donau. Die Saale entspringt am Waldstein und fließt nach Norden in die Elbe, wo auch die Eger mündet.

Schon Comic-Held Donald Duck sagte: „Wo wir hinfahren, bestimme ich! Und ich habe meine Wahl längst getroffen. Wir fahren ins Fichtelgebirge." Keine schlechte Wahl, denn heutzutage nennt sich das Mittelgebirge gerne Aktivregion: Allein 3600 Kilometer Wanderwege stehen zur Auswahl. Darunter der 425 Kilometer lange Fränkische Gebirgsweg, der das Fichtelgebirge mit dem Frankenwald (siehe Tipp 38) und der Fränkischen Schweiz (siehe Tipp 10) verbindet. Dabei werden auch die Gipfel Waldstein, Epprechtstein und Kornberg überwunden, sanft an- und absteigend versteht sich, während beim Schneeberg – mit 1051 Metern die höchste Erhebung im Fichtelgebirge – und beim Ochsenkopf mit 1042 Metern deutlich mehr Kondition vorausgesetzt werden muss.

Am Ochsenkopf im Sommer ...

Am Ochsenkopf trifft man auf die erste Sommersprungschanze der westlichen Welt, eine Rollerski- und eine Sommerrodelbahn: Sie ist gut einen Kilometer lang und bietet zehn Steilkurven. In Sachen Wintersport gilt: Das Fichtelgebirge ist eine der schneesichersten Landschaften nördlich der Alpen. Hundert Schneetage im Jahr sind keine Seltenheit. Die Skigebiete am Ochsenkopf

liefern aber auch Dank Beschneiungsanlagen zuverlässigen Pistenspaß und sind teilweise sogar mit Flutlicht ausgestattet. Langläufern stehen knapp 300 Kilometer Loipen zur Verfügung. Über die Winterrodelhänge und Naturrodelbahnen freuen sich besonders die Kleinen, über Flächen fürs Eisstockschießen und Eislaufen hauptsächlich die Großen. Ski- und Schneeschuh-Wanderungen führen umweltverträglich durch die verschneiten Wälder. Und beim Schneemannsfest in Bischofsgrün (siehe Tipp 5) wird alljährlich Deutschlands größter Schneemann gebaut.

Aber auch zahlreiche Rad-, E-Bike- und Mountainbiketouren unterschiedlichster Schwierigkeitsgrade kann man ausprobieren. Auf dem Main-Radweg geht es auf mehr als 600 Kilometern abseits der Hauptstraßen vom im Fichtelgebirge entspringenden Weißen Main bis zur Main-Mündung nach Mainz. Bahntrassenradeln ist in die andere Richtung bis Tschechien möglich. Mountainbiketouren führen auf den Großen Waldstein, auf den Schneeberg oder durch den Steinwald. Eine besondere Attraktion sind die Trails am Ochsenkopf: darunter eine 2,3 Kilometer lange Downhillstrecke. Andere Touren bieten für das Fichtelgebirge typische Fels-, Wurzel- und Steinpassagen. Verleihstationen und Fahrradbusse sorgen für angenehmen Komfort.

Am Prinzenfelsen

Eine politische und wirtschaftliche Einheit war die Region nie. Seit dem 15. Jahrhundert entstanden die sechs Verwaltungsbezirke, das sogenannte Sechsämterland. Wem der Begriff irgendwie bekannt vorkommt, der kann sich bestätigt fühlen: Der Pharmazeut und Destillateur Gottlieb Vetter entwickelte Ende des 19. Jahrhunderts einen regionalen Kräuterlikör, dessen Namen auf die markgräfliche Verwaltungsordnung zurückgeht: den Sechsämtertropfen.

Wirtschaftlich war das Fichtelgebirge im Mittelalter eines der lukrativsten Bergbaugebiete Europas. Es war das Ruhrgebiet des Mittelalters. „Rauh ist die Arbeit und rauh sind wir", lautet ein in Stein gemeißeltes Zitat der einstigen Steinarbeiter. 90 Prozent aller weltweit vorkommenden Gesteinsarten, darunter Marmor, Basalt, Speckstein oder Ton, finden sich im Fichtelgebirge. Fast die Hälfte der Fläche des Fichtelgebirges, 380 Quadratkilometer, besteht aber aus dem markantesten Stein der Region, dem Granit. Ein Unikum ist das 500 Jahre alte Bergwerk Gleißinger Fels in Fichtelberg: Es ist das einzige begehbare Silbereisenbergwerk der Welt. Besonders im 18. Jahrhundert folgte auf den Bergbau der Abbau von Eisenerz und rund hundert Jahre später sorgte der Strukturwandel für einen weiteren Umschwung: Die Porzellanindustrie förderte die Industrialisierung der Region in umfangreichem Maße.

Im Zentrum des Fichtelgebirges liegen die Städte Wunsiedel (siehe Tipp 44), Bischofsgrün, wo der Weiße Main seine Quelle hat, Marktredwitz (siehe Tipp 48), Schwarzenbach (siehe Tipp 43), Selb (siehe Tipp 49) und Weißenstadt sowie weitere Ortschaften in verschiedenen Landkreisen des Sechsämterlands. Architekturinteressierte erleben im Freilandmuseum Grassemann in Warmensteinach am Ochsenkopf die typische, bis ins 19. Jahrhundert vorherrschende

Bauweise des einstöckigen Holzhauses. Die Inneneinrichtung illustriert den Lebensalltag der Fichtelgebirgsbewohner aus vergangener Zeit. Und das Fichtelgebirgsmuseum in Wunsiedel – Bayerns größtes Regionalmuseum – gewährt übergreifende Einblicke in die Geschichte, Natur, Lebensweise und Brauchtümer der Region.

Info

Lage: Das Fichtelgebirge liegt zwischen Hof, Bayreuth, Tschechien und Oberpfalz.

Auskunft: Gablonzerstraße 11, 95686 Fichtelberg, Tel. 09272 969030, *fichtelgebirge.bayern*

Aktivitäten: Silberbergwerk, *besucherbergwerk-fichtelberg.de*

Museen: *fichtelgebirgsmuseum.de;* Freilandmuseum, *warmensteinach.de*

Einkaufen: *outletmeile.de*

Restaurants:

- Am Fichtelsee: mit Seeterrasse, heimische Forelle, geräuchert und lauwarm serviert. Es gibt auch Zimmer; Am Fichtelsee 1, 95686 Fichtelberg, Tel. 09272 964000, *hotel-am-fichtelsee.de*
- Waldschänke Zainhammer: einfache Karte von Currywurst bis Schnitzel; Zainhammer 1, 92717 Reuth, Tel. 01514 1235219, *waldschaenke-zainhammer.business.site*

Unterkünfte:

- Schloss Fuchsmühl: romantisches Anwesen, relativ einfache Zimmer; Schlossallee 15, 95689 Fuchsmühl, Tel. 09634 7078195, *schloss-fuchsmuehl.de*
- Siebenquell GesundZeitResort: moderne 4-Sterne-Zimmer, Saunalandschaft, Thermalwasser aus 2000 Metern Tiefe, Spa- und heilmedizinische Behandlungen, Restaurant; Thermenallee 1, 95163 Weißenstadt, Tel. 09253 954601012, *siebenquell.com*

46 Die Seen im Fichtelgebirge

WENN DER SOMMER NICHT MEHR WEIT IST ...

... dann träumt man schon von Seen und vom Baden. Besonders im Fichtelgebirge, wo es eine ganze Reihe an Seen gibt, vom idyllischen Weiher im Wald bis zum erfrischenden Nass für Wassersportler.

Am Weißenstädter See

Mit 50 Hektar ist er der größte See der Region: Der Weißenstädter See liegt im Herzen des Fichtelgebirges, mit Blick auf den Großen Waldstein und Schneeberg. An dem künstlich angestauten und allseits zugänglichen See mit vier Kilometer langem Uferweg finden Besucher zahlreiche Freizeit- und Wassersportmöglichkeiten.

Der Fichtelsee im gleichnamigen Luftkurort liegt in der Senke zwischen Schneeberg und Ochsenkopf. Das Naturbad lädt zum Schwimmen, Stand-up-Paddling und Bootfahren ein. Am Nordufer befindet sich die Quellfassung des Jean-Paul-Brunnens, einer kleinen Granitpyramide auf steinernem Sockel.

1485 als Fischweiher angelegt, liegt der Wunsiedler Weiher (siehe Tipp 44) heute in einem Naturschutz- und Moorgebiet. Auch der Nageler See zählt zu den ältesten Seen im Fichtelgebirge. Liegewiese, Spiel- und Volleyballplatz, eine Kneipp-Anlage und Gastronomie zeichnet den See im Dorf Nagel aus.

Am Naglersee

Der Förmitzspeicher bei Schwarzenbach an der Saale (siehe Tipp 43) ist ebenfalls ein Freizeitsee und geeignet für Angler, Segler, Surfer und Taucher. Gleiches gilt für den Untreusee im Süden von Hof (siehe Tipp 37), wo Schwimmer, Surfer und Angler auf ihre Kosten kommen, ergänzt durch Abenteuerspielplatz, Kletterpark und Labyrinth. Am westlichen Ortsrand von Tröstau genießen Urlauber im beschaulichen Waldbad Tröstau den Sommer beim Schwimmen, Sonnen und Spielen. Und in der Mitte des Sees wird die Badeinsel gern besucht.

Der künstlich angelegte Stausee Karchesweiher befindet sich südöstlich der Gemeinde Bischofsgrün (siehe Tipp 5). Ursprünglich zur Flößerei genutzt, darf man sich heute ein erfrischendes Bad gönnen. Und um den Feisnitz-Stausee verläuft ein 1,5 Kilometer langer Rundwanderweg. Auch dieser See bei Arzberg (siehe Tipp 50) wird gerne von Badegästen und von Anglern genutzt.

Info

Lage: Das Fichtelgebirge liegt im Osten Oberfrankens.

Auskunft: Gablonzerstraße 11, 95686 Fichtelberg, Tel. 09272 969030, *fichtelgebirge.bayern*

Aktivitäten: Baden, Wassersport, Angeln

Restaurant:

- Fischräucherei Küspert: frisch geräucherte Forellen und Saiblinge, Stühle und Tische am See. Uferweg 1, 95163 Weißenstadt, Tel. 01577 5820529, *fischraucherei-kuspert.business.site*

Unterkunft:

- Pension Reithmeier: nette Zimmer; Erllohe 4, 95697 Nagel, Tel. 09236 240, *www.gasthof-reithmeier.de*

47 Bad Alexandersbad

SCHAMPUS DER NATUR

Als kleinstes Heilbad in Bayern lag Bad Alexandersbad lange im Dornröschenschlaf. Durch eine gelungene Veränderung existiert nun Historisches neben Modernem, wo sich Wasser und Wärme, Therapie und Entspannung sowie Kraft und Vitalität harmonisch zu einem großen Ganzen fügen. Baden kann man gleich dreifach: im Wasser, im Moor und im Wald.

Nase zu und nur in kleinen Schlucken trinken, heißt die Devise bei der Trinkkur in Bad Alexandersbad. Kaum hat man sich an der Luisenquelle (Foto links) ein Glas Heilwasser gezapft, weiß man schnell, warum die Einheimischen vom Schampus der Natur sprechen. Das Wasser sprudelt mit natürlich angereicherter Kohlensäure aus der Erde, aber richtig gut riechen tut die flüssige Arznei nicht. Das liegt am Eisengehalt der Quelle, der mit 24 Milligramm pro Liter so hoch ist, dass sich die Trinkbecher im Kurhaus mit der Zeit rostig-gelb färben. Besonders bei Verdauungs- und Gallenproblemen, bei Gicht, Schilddrüsendysfunktionen oder Nierenkrankheit wird so eine Trinkkur medizinisch empfohlen.

Das moderne Alexbad

Der Überlieferung nach hatte es sich in Oberfranken bereits 1734 schnell herumgesprochen, dass ein einheimischer Bauer im Tal der Heuleite eine Heilquelle entdeckt hatte und sich durch eine Trinkkur von einem schweren Gichtleiden befreien konnte. Denn von ihrer Stärke war die Eisenquelle von Alexandersbad durchaus vergleichbar mit Quellen der mondänen böhmischen Bäder Karlsbad und Marienbad.

Überregionale Bedeutung erfuhr die Gemeinde im 19. Jahrhundert, als der preußische König Friedrich Wilhelm III. seine Aufwartung machte und ein großer Staatsempfang in den prunkvollen Kuranlagen stattfand, um dem König einen möglichst angenehmen Aufenthalt zu verschaffen. Zusammen mit Gemahlin Luise war er für drei Wochen in Alexandersbad zu Gast. Und der König sorgte dafür, dass Alexandersbad auch zu einem Kur-Treffpunkt der Berliner Gesellschaft wurde. Wo sich der König wohlfühlte, kann es ja nicht schlecht sein ... Zuvor war auch Johann Wolfgang von Goethe schon zweimal in Alexandersbad.

Heute ist Bad Alexandersbad das kleinste Heilbad Bayerns: mit dem Heilquellwasser aus der Luisenquelle, Naturmoor und vielfältigen Möglichkeiten zur Entschleunigung. Den Namen Alexandersbad erhielt der Ort von Markgraf Christian Carl Alexander, dem letzten Markgrafen von Ansbach-Bayreuth. Auch das Markgräfliche Schloss, der historische Ortskern des Kurortes, geht auf ihn zurück. Es wurde ab 1782 als Badehaus für die Kurgäste im Stil des Frühklassizismus errichtet. Zur Bad-Dopplung im Ortsnamen kam es viele Jahrzehnte später. Erst 1976 wurde Alexandersbad die Heilbadanerkennung verliehen, die Auszeichnung Bad erfolgte drei Jahre später.

Kaminzimmer und ...

In den 1980er- und 90er-Jahren erlebte Bad Alexandersbad jedoch seinen wirtschaftlichen Niedergang. Die Porzellan- und Textilindustrie Oberfrankens war in Zeiten der Globalisierung nach China verlagert worden und das Mineral- und Moorheilbad erlitt durch den rigiden Sparkurs im Gesundheitsbereich einen drastischen Abfall bei Badekuren. Deshalb galt es nach den Veränderungen im Gesundheits- und Kurwesen das Kurangebot neu aufzustellen. Ab 2007 hatte der kleine Ort mit kaum mehr als tausend Einwohnern den Mut, mithilfe von Erneuerungsprogrammen gute Architekten auf internationalem Niveau zu beauftragen, die ein Gespür für neue Räume und Plätze sowie

... Pool im Alexbad

hochwertiges Material hatten. So wurde ein mit klaren Linien gestalteter Granitfelsen in den Kurpark platziert und die Architekten Brückner & Brückner verbanden den historischen Kurbereich im Ortskern mit etwas komplett Neuem. Aus dem Alten Kurhaus und dem Neuen Kurmittelhaus wurde als moderner Blickfang das luxuriöse Alexbad, ein Panorama-Schwimmbad mit mehreren Becken und einer Saunawelt mit drei unterschiedlich temperierten Möglichkeiten zum Schwitzen. Aber es ist eben kein Sport- oder Spaßbad. Vielmehr kann man dort Wasser und Wärme, Kraft und Vitalität sowie Therapie und Entspannung erleben.

Die Luisenquelle

Das soll aber noch nicht das Ende der Geschichte gewesen sein: Bad Alexandersbad befindet sich in einem andauernden Ortsentwicklungsprozess. Gemeinsam mit der

Bürgerschaft wird der Masterplan Bad Alexandersbad 2030 geschmiedet. Das Ziel: eine nachhaltige Lebensgrundlage für alle Generationen. Aus Bad Alexandersbad soll ein zeitgemäßes Bürger-Heilbad mit Zukunftsperspektive und ein noch lebenswerterer Wohnort werden.

Der umgebende Wald spielt dabei natürlich eine besondere Rolle. Zum Beispiel beim Waldbaden: Wie riecht der Wald oder sein moosiger Boden? Wie hört sich der Wind in den Bäumen an oder das Vogelgezwitscher? Kann man die Stimmen der Vögel unterscheiden? Wie fühlt sich ein Tannenzapfen zwischen den Fingern an? Wenn wir uns Zeit nehmen, gibt es im Wald viel zu entdecken. So wirklichkeitsfremd Waldbaden zunächst klingen mag, verbirgt sich dahinter weit mehr, als nur im Wald spazieren zu gehen. Den Wald mit seinen Geräuschen, Pflanzen und Düften wahrzunehmen, hat inzwischen eine erwiesen gesundheitsförderliche Wirkung auf Körper und Seele. In Japan wird das Baden im Wald traditionell als Bestandteil eines gesunden Lebensstils gepriesen. Und wer sich mit den neuen Erfahrungen und dem Entspannen im Wald anfangs schwertut, kann in Bad Alexandersbad eigens dafür ausgebildete Waldgesundheitstrainerinnen zu Rate ziehen.

Im Arche-Dorf

Schließlich gibt es noch ein Arche-Dorf: Kleinwendern, ein Ortsteil von Bad Alexandersbad, wo seit 2012 seltene und vom Aussterben bedrohte Nutztierrassen gezüchtet werden, um die Artenvielfalt in der Region zu erhalten. Im ersten Arche-Dorf in Bayern werden Rotes Höhenvieh, Hermelinkaninchen, Pommernenten, Sundheimer Hühner, Deutsche Reichshühner, Coburger Fuchsschafe, Thüringer Waldziegen, Bayerische Landgänse und Rheinische

Schecken gehalten sowie Eier, Bio-Rindfleisch, Lammfleisch und Martinsgänse zum Verzehr angeboten. Von der Anhöhe im Kurpark kann man die Tiere gut beobachten. Oder man macht gleich Urlaub auf dem Bauernhof …

Coburger Fuchsschaf

Info

Lage: Bad Alexandersbad liegt etwa drei Kilometer südlich von Wunsiedel.

Auskunft: Markgrafenstraße 28, 95680 Bad Alexandersbad, Tel. 09232 99250, *badalexandersbad.de*

Aktivitäten: Waldbaden, *alexbad.de*

Restaurants:

- Schweizerhaus: fränkische Gerichte, gute Brotzeiten, selbst gebackene Kuchen; Quellenweg 1, 95680 Bad Alexandersbad, Tel. 09232 4360, *schweizerhaus-fichtelgebirge.de*
- Brotzeitstüberl: ist an die Metzgerei Reichel angeschlossen und bietet einfache Gerichte und Brotzeiten mit hoher Qualität; Markgrafenstraße 55, 95680 Bad Alexandersbad Tel. 09232 4692, *metzgerei-reichel.eu*

Unterkünfte:

- Soibelmanns Hotel: 4-Sterne-Haus mit Pool, Sauna, Tennisplatz, Restaurant, Markgrafenstraße 24, 95680 Bad Alexandersbad, Tel. 09232 8890, *soibelmanns.de*
- Gasthof-Pension Reinl: schöne Zimmer mit Balkon oder Terrasse zum Garten; Sichersreuth 1, 95680 Bad Alexandersbad, Tel. 09232 2425, *gasthofreinl.de*
- Ferienhof Hoepfel: Urlaub auf dem Bio-Bauernhof mit Bisons, Rotwild, Pferden, Hühnern und Streicheltieren; Sichersreuth 19, 95680 Bad Alexandersbad, Tel. 09232 700660, *ferienhof-fichtelgebirge.de*

48 Marktredwitz

BESUCH IN RAWETZ

Als in den 1990er-Jahren die Autobahn A93 gebaut wurde, die von Hof in den Süden zur A9 in die Holledau führt, kamen viele große Felsbrocken aus Redwitzit, einem nach Marktredwitz benanntem Granit-Gestein besonders zwischen Wölsau und Lorenzreuth zu Tage. Redwitzite findet man nur in der Gegend um Marktredwitz. Aus vier dieser ovalen Brocken schuf der Künstler Anatol Herzfeld 1999 das Marktredwitz Tor für einen Kreisverkehr: Drei Findlinge dienen als tragende Säulen, die von einem weiteren, größeren Findling als Abdeckung vervollständigt wird. Ein bisschen sieht das Gebilde wie ein Ausschnitt aus dem weltberühmten Stonehenge aus ...

Marktredwitz wird von den 18.000 Einheimischen stets nur Rawetz genannt, liegt im Tal des Flüsschens Kössein und ist von Fichtelgebirge und Steinwald umgeben. Am markantesten aber ist das Marktredwitz Tor, das wie Klein-Stonehenge aussieht.

Eine ganz andere Anziehungskraft haben die von Kaiserin Maria Theresia gestiftete Theresienkirche von 1777 und das Alte Rathaus mit seinem Uhrturm aus dem 14. Jahrhundert. Zwei Bauten, die in den zahlreichen Kriegen, die sich im bayerisch-böhmischen Grenzbereich abspielten, ungeschoren davonkamen. Wahrzeichen der Stadt ist aber der Brunnenlöwe am Markt: Die Figur stellt das Wappentier Böhmens dar und hält ein Wappenschild von Marktredwitz, das seinen heutigen Namen 1907 bekam, als Redwitz die Stadtrechte erhielt. Der über Jahrhunderte hinweg geführte Markt-Titel wurde seitdem zum Bestandteil des neuen Ortsnamens.

Marktredwitz Tor

Marktredwitz liegt mit seinen 18.000 Einwohnern unweit von der Grenze zu Tschechien. Auf dem Weg dorthin kann man einen Stopp im Kloster von Waldsassen einlegen, sozusagen auf dem Weg von Oberfranken (Marktredwitz) über die Oberpfalz (Waldsassen) in die Tschechische Republik (Svatý Kříž). Im Kloster Waldsassen leben bis heute ein Dutzend Schwestern im Alter von 20 bis 80 Jahren und die Stiftsbibliothek gehört zu den prachtvollsten in Deutschland. In Svatý Kříž geht es zwar profaner zu, aber der große und günstige Freiluftmarkt für Mode, Schuhe, Taschen und Souvenirs hat eben auch seine Anziehungskraft ...

Info

Lage: Marktredwitz liegt etwa acht Kilometer südöstlich von Wunsiedel.

Auskunft: Markt 29, 95615 Marktredwitz, Tel. 09231 501128, *tourismus-marktredwitz.de*

Restaurant:

- Brauerei Gaststätte am Strand: gehört zur Nothhaft Brauerei gleich nebenan, gutbürgerliche Küche und beste Nothhaft-Biere; Ottostraße 32, 95615 Marktredwitz, Tel. 09231 4179699, *brauerei-nothhaft.de*

Unterkunft:

- Bairischer Hof: 3-Sterne-Hotel, schöne Zimmer; Markt 40, 95615 Marktredwitz, Tel. 09231 620 11, *bairischer-hof.de*

49 Selb

STADT, SPACE UND SHUTTLE

Wer sich auf die Spuren von Porzellan, Geschirr und Hitzeschilde begeben möchte, ist in Selb richtig, besonders im Porzellanikon, Europas größtem Porzellanmuseum. Ob Porzellanbrunnen (im Foto), Porzellangässchen oder Porzellangeschäft: In Selb ist Porzellan allgegenwärtig und an fast jeder Ecke zu finden.

Teller, Tassen oder technische Keramik – eines haben sie alle gemeinsam: Porzellan. Dass das Material nicht nur klassisch im Haushalt Verwendung findet, sondern auch in der chemischen Industrie, Biomedizin, Computertechnik und im Automobilbau, zeigt das Porzellanikon in Selb, Europas größtes Porzellanmuseum. Dort sieht man zum Beispiel Hitzeschilde für Raumfähren wie das Space Shuttle oder bekommt Einblicke in die Porzellanherstellung von der Rohmasse bis zur verzierten Ware. Der Besucher lernt die Kulturgeschichte des Porzellans im deutschsprachigen Raum kennen und erhält Einblicke in das Leben und Arbeiten der Porzelliner, der Beschäftigten der einstigen Porzellanmanufakturen. Das Ganze passiert auf 8000 Quadratmetern in der 1969 stillgelegten ehemaligen „Rosenthal"-Fabrik mit historischen Fabrikationsräumen und sechs erhaltenen und begehbaren Rundöfen. Im alten Brennhaus wird auch die bis ins Jahr 1879 zurückreichende Geschichte des Unternehmens „Rosenthal" und seiner Produkte erzählt.

Porzellanherstellung

Zwölf Kilometer weiter südlich ergänzt seit 1982 das Porzellanikon Hohenberg an der Eger das Angebot. In der ehemaligen Direktorenvilla des Familienunternehmens „Hutschenreuther" führt ein Rundgang durch die traditionsreiche Porzellangeschichte der 200 deutschen Porzellanproduzenten vom frühen 18. Jahrhundert bis 1989. Mehr als 10.000 Exponate sind zu sehen, darunter das Kabinett der Besonderheiten, in dem ein Mondglobus ebenso wie das Porzellan Adeliger und Prominenter ausgestellt sind.

Die lange Porzellantradition ist europaweit einzigartig. Im Jahr 1814 gründete Carolus Magnus Hutschenreuther die erste

Porzellanmanufaktur in Nordbayern. „Hutschenreuther" und „Rosenthal" verhalfen der Region mit ihrer Porzellanwirtschaft einst zu Reichtum. Entlang der Porzellanstraße finden sich neben den beiden international bekannten Herstellern auch weitere, eher regional ausgerichtete Hersteller wie „Arzberg" oder „Seltmann". Die knapp 20 regionalen Hersteller produzieren heute 80 Prozent des Gastronomie-Porzellans in Deutschland. Zum Vergleich: Bis 1990 kamen sogar noch 90 Prozent des gesamten deutschen Porzellans aus Selb oder Arzberg (siehe Tipp 50). Die Hälfte davon stellten allein die Firmen „Hutschenreuther", „Rosenthal" und „Heinrich" her. Diese Epoche der Stadtgeschichte brachte Selb den Namen „Stadt des Porzellans" ein.

Porzellanikon mit ...

Jetzt sind diese Fabriken geschlossen und bis auf wenige Angestellte in den Outlet-Stores gibt es kaum noch Arbeitsplätze, die mit Porzellan zusammenhängen. Doch alle renommierten Marken laden zu Werksverkäufen und zum Teil auch Betriebsbesichtigungen ein. Hochwertige Ware, besonders aus der letzten Saison, werden vom Einzelstück bis zum kompletten Service zu stark reduzierten Preisen verkauft. Noch günstiger gibt es Porzellan wohl nur noch jedes Jahr am ersten August-Wochenende, wenn in Selb Europas größter Porzellan-Flohmarkt mit 400 Anbietern stattfindet. Das umfangreiche Rahmenprogramm umfasst Konzerte, Mitmach- und Informationsstände sowie spannende Vorführungen zur Porzellanherstellung. Und wer sich als radelnder Liebhaber des Weißen Goldes

... „Rosenthal"-Ausstellung

auf die rund sechsstündige Porzellantour von Selb mit seinem Porzellanbrunnen durch 15 Orte begibt, erfährt nebenbei auch noch ein hübsches Stück Fichtelgebirge (siehe Tipp 45). Der Porzellanbrunnen ist der Blickfang auf dem Martin-Luther-Platz und wurde 1977 errichtet und 2003 unter Verwendung von mehr als 60.000 Porzellanplättchen umgestaltet. Die Säulen symbolisieren die einst rauchenden Schlote der Porzellanfabriken.

Bleiben für die Filmfans noch die Internationalen Grenzland-Filmtage mit mehr als 50 Kurz-, Kinder-, Spiel- und Dokumentarfilmen, alle ausnahmsweise mal ganz ohne die Porzellan-Thematik ...

Info

Lage: Selb liegt ca. 22 Kilometer nordöstlich von Wunsiedel.

Auskunft: Ludwigstraße 6, 95100 Selb, Tel. 09287 8830, *selb.de*

Aktivitäten: Fahrrad-Porzellantour

Event: Porzellan-Flohmarkt, erstes August-Wochenende

Museum: *porzellanikon.org*

Einkaufen: *hutschenreuther.com, rosenthal.de*

Restaurants:

- Rosenthal Casino Restaurant: von Kürbis-Risotto bis Schweinebraten, bunte Zimmer; Kasinostraße 3, 95100 Selb, Tel. 09287 8050, *rosenthal-casino.de*
- Schade's Schmankerl Stub'n: Wilderer Topf oder Karpfen aus eigener Zucht, auf Wunsch auf „Rosenthal"-Porzellan, Zimmer; Vielitz 7, 95100 Selb, Tel. 09287 3922, *schades-wohlfuehlhotel.de*

Unterkunft:

- Boutique Hotel: klassische Mittelklasse-Zimmer, zum Teil mit Dachschräge; Ludwigstraße 22, 95100 Selb, Tel. 09287 9568225, *boutique-hotel-selb.de*

50 Arzberg

KLEINER JOHANNES GANZ GROSS

Der Kirchturm auf dem Kirchberg und ein paar Gasthöfe, grüne Wiesen und ein Freibad weisen auf ein ganz normales Dorf hin. Wäre da nicht das Eisenerz, der Marienschacht, der Kleine Johannes (im Foto) und eine lange Geschichte.

In der ehemaligen Porzellanstadt Arzberg findet man nur noch einen Werksverkauf. Die marode, nicht mehr in Betrieb stehende großen Porzellanfabrik „Carl Schumann" ist dagegen kein schönes Bild, sondern ein Zeugnis des Verfalls. Aber auch ein Zeitzeugnis. Der Bergbau in Arzberg ist so alt wie der Ort selbst. 1268 wird Arzberg erstmals erwähnt. Arzberg stammt von Erzberg ab und der Erzberg bekam seinen Namen aufgrund seiner Reichtümer an Eisenerz im Boden.

Die Blütezeit des Bergbaus dauerte bis etwa 1400, der erste Niedergang ist verbunden mit Hussiten- und Böhmenkriegen um 1430. Nach einer Erholung folgte der Dreißigjährige Krieg, 1618 bis 1648, und eine durchwachsene Zeit bis zum Ersten Weltkrieg: Dann kam der alte Arzberger Bergbau zum ersten Mal zum Erliegen. Doch 1937 nahm man im Marienschacht den Eisenerzbergbau in Arzberg wieder auf: Die Nazis drängten darauf und forderten eine drastische Erhöhung der Eisenerzfördermenge. Vier

Alte Porzellanfabrik

Marienschacht

Jahre später ging der Abbau deutlich zurück: Fehlende Bergleute und häufige Wassereinbrüche mit erheblichen Einschränkungen der Arbeits- und Betriebssicherheit führten schließlich dazu, dass am 30. April 1941 die allerletzte Schicht zur Erzgewinnung in Arzberg gefahren wurde.

Vermutet wird, dass noch rund fünf Millionen Tonnen Eisenerz vorhanden sind. Gegen einen Abriss des alten Arzberger Bergwerksgebäudes Marienschacht sprachen sich die Bürger vehement aus. 2001 wurde auf dem Gelände des alten Bergwerks eine Informationsstelle zum Thema Bergbau und Geologie eingerichtet und mit der Rekonstruktion des alten Förderturmes Kleiner Johannes bekam Arzberg ein neues-altes Wahrzeichen.

Fabrikantenhaus und ...

Da auch die Landwirtschaft eine lange Tradition in der Region hat, haben die Arzberger aber auch das Volkskundliche Gerätemuseum eingerichtet. Schließlich will man ja doch irgendwie ein normales Dorf sein.

... Gehöft in Arzberg

Info

Lage: Arzberg liegt etwa 15 Kilometer östlich von Wunsiedel.

Auskunft: Friedrich-Ebert-Straße 6, 95659 Arzberg, Tel. 09233 4040, *arzberg.de*

Museum: Volkskundliche Gerätemuseum, *bergnersreuth.de/arzberg*

Restaurant:

- Gasthof Gsteinigt: idyllisch in einem Tal gelegen, Gänsebrust, Kronfleisch, einfache Gerichte, Zimmer; Elisenfels 11, 95659 Arzberg, Tel. 09233 7155870, *gasthof-gsteinigt.de*

Unterkunft:

- Hotel Post: gemütliche Zimmer, Restaurant; Zimmermannstraße 7, 95659 Arzberg, Tel. 09233 77230, *hotel-post-arzberg.de*

Das kleine Wörterbuch

Wenn Weltmeister, Weltfußballer und Franke Lothar Matthäus, bekannt als der Loddar, loslegt, bleibt fürs Hochdeutsche kaum mehr Platz. Und man kann bestens hören, was das Fränkische existenziell ausmacht: Franken brauchen nicht alle 26, sondern nur 24 Buchstaben unseres Alphabets. P und T werden grundsätzlich durch B und D ersetzt. Da geht der Baul also durch die Dür. Auch das K wird häufig weich als G ausgesprochen und so mancher Vokal weggeschluckt, zum Beispiel: der Paul aus Franken ist im Fränkischen der Baul aus Frrrangn. Denn auch am rollenden R erkennt man gerade einen Unterfranken am besten. Und wenn er versucht, hochdeutsch zu sprechen, kommt manchmal Verheerendes dabei raus: Da war dann tie Toris in Tortmund ...

A

Abbord – Toilette
Abodegn – Apotheke
Alaa – allein
Auswäddicher – Auswärtiger
A weng – ein wenig

B

Babberdeggl – Karton
Babbm – Mund
Badscherla – Hand
Bagg mers – los geht's
Basd scho – in Ordnung, ja
Blotz – Kuchen vom Blech
Brässierd ned – es eilt nicht
Broudwöaschd – Bratwurst
Bsuffn – betrunken
Bürschla – Junge

D

Damisch – schwindlig
Der fährt wie a gsengte Sau – er fährt sehr schnell
Des is mer woschd – das ist mir egal
Des lebberd si zam – das summiert sich
Doddn – Torte
Dreivierdl Fünfa – dreiviertel Fünf, 4:45 oder 16:45 Uhr
Dunnerkeil – Ausdruck des Erstaunens, Entsetzens; z. B. dunnerkeil, is des schwer

E

Eichene(r) – eigene(r)
Erbat – Arbeit

F

Fei – Betonung einer Aussage; z. B. des is fei schwer
Ferdl Sechsa – Viertel Sechs, 6:15 oder 18:15 Uhr
Fizzerla – kleines Stück Papier
Fraali – selbstverständlich, natürlich

G

Gaggerla – Ei
Gebabbel – Gerede, Gespräch
Ghubfd wie gschbrunga – das ist das Gleiche
Greina – weinen
Grischberla – dünner Mensch
Gschmarri – dummes Gerede

H

Hä – wie bitte
Halbe Achda – halb Acht, 7:30 oder 19:30 Uhr
Halt die Babbm – sei ruhig

M

Madla – Mädchen
Muggn – Stubenfliege
Muggngbadschn – Fliegenklatsche

N

Nauf und nunner – rauf und runter
Neigschmegder – Eingeheirateter
Neischbachdln – schnell essen

O

Obachd – pass auf

R

Redur – rückwärts
Rutschala – kleiner Kochtopf

S

Sabberlodd – nicht schlecht
Schdahard – steinhart
Schnougn – Stechmücke
Schobbn – Schoppen
Siggs des – siehst du
Sumbfhenna – dumme Frau

U

Ums orschleggn – das war knapp

V

Veregger – frecher Junge
Verrazzd – aufgeschmissen

W

Waadschn – Ohrfeige
Weggla – Brötchen

Register

Marktredwitz

Bildnachweis:

Alle Bilder von Jochen Müssig, außer: Achim_Bühler S. 172u | Adobe Stock Cover | Amrei-Marie, CC BY-SA 4.0 S. 73 | Andreas Praefcke, CC BY 3.0 S. 93 | Andreas Rau S. 214, 218 | Andreas Wohlfahrt S. 58 | Anja Wunder S. 10, 210/211 | bayerische_schlösserverwaltung S. 98u | Bayerische_Schlösserverwaltung-Nürnberg_Luftbild-Hajo_Dietz S. 177 | Bayerische_Schlösserverwaltung-Thomas_Köhler S. 193 | Bayerische_Staatsforsten-Martin_Hertel S. 118 | Bayreuth_Tourismus S. 34o, 37, 39, 43o | Bayreuth2009, CC BY 3.0 S. 43u | Bayrische Schlösserverwaltung-Christa Brand S. 103 | Benreis, CC BY-SA 4.0 S. 18o, 21, 53 | Berthold Werner, CC BY-SA 3.0 S. 15o, 97 | carolin_panzer S. 270, 271 | CC0 public domain S. 20 | Chianti, CC BY-SA 3.0 S. 22 | Christian_Foerster S. 116 | coburg-marketing S. 144u, 150o, 150u | coburg-marketing-rainer_brabec S. 9, 152 | Concept_ Visuell-Achim_Bühler S. 175o | Dietmar Denger S. 102, 104 | ErikaFuchsHaus-StefanMeyer S. 242, 244o, 244u | Ermell, CC BY-SA 4.0 S. 14, 90 | Falk_Bätz S. 165, 166, 172o | Fernwehpark_Signs_of_ Fame S. 225 | Florian Fraaß S. 46-49 | Florian_Miedl S. 252u, 267, 268 | gemeinde_bad_alexandersbad S. 266, 269u | Gesundes_ Fichtelgebirge-Florian_Trykowski S. 262 | Guido Radig, CC BY 3.0 S. 191 | H Helmlechner, CC BY-SA 4.0 S. 186o | Holger Uwe Schmitt, CC BY-SA 4.0 S. 98o | HumanView productions S. 178 | Images from Wiki Loves Monuments 2014, DE-BY, CC BY-SA 3.0 S. 17o | Immanuel Giel, CC BY-SA 3.0 S. 79 | Jahreiss.com-Marcus_Traub S. 217 | Karten – Mapcreator.io, OSM.org, ©DLR, ©Airbus Defense and Space, ©Copernicus S. 24, 25, 29, 65, 89, 123, 141, 163, 183, 213, 249 | Klaus Wendel S. 128 | kunstsammlungen_veste_coburg CC BY-SA 4.0 S. 16 | kunstsammlungen_veste_coburg S. 148, 149 | Kur u Tourismus Service Bad StaffelsteinS. 134, 135u, 136o, 136u | Kur und_Tourist_Information_Bischofsgrün S. 51 | Landschaftspflegeverband_Frankenwald S. 223 | Liebesbier-Dface S. 33 | Maisel's Bier-Erlebnis-Welt S. 45 | Markt Marktschorgast S. 202-205 | Markt Wonsees S. 198-200 | Martina_Mäusbacher S. 61 | mediathek_deutsch-deutsches_museum_mödlareuth S, 238, 239 | Michael Sander derivative work Berthold Werner, CC BY-SA 3.0 S. 19 | Michael Sander, CC BY-SA 3.0 S. 15u | Naturpark_Fichtelgebirge S. 260, 264/265, 269o, 275 | Naturpark_Frankenwald S. 227o | Naturpark_Steigerwald S. 107o | Naturpark_Steigerwald-Pawel_Malec S. 106, 108 | Norbert Kaiser, CC BY-SA 3.0 S. 17u | obermain_therme_bad_staffelstein S. 135o | Opzwartbeek, CC BY-SA 4.0 S. 101 | Otmar_Fugmann S. 168 | Pascal Dihe wwwdiheeu CC BY-SA 4.0 S. 76 | peter_weigelt S. 110, 112, 113u, 114 | PeterBraun74, CC BY-SA 4.0 S. 188o | Portraitstudio Kögler S. 120/121, 124, 127 | Porzellanikon-Andreas_Giessler S. 276u | Porzellanikon-Reinhard_Feldrapp S. 276o | Reinhold Möller, CC BY-SA 4.0 S. 81, 86/87, 94 | Rufus46, CC BY-SA 3.0 S. 78 | Siegfried_Scheidig S. 176, 179 | Stadt Burgkunstadt S. 130-133 | Stadt Forchheim Tourismusmanagement S. 66-70 | Stadt Lichtenfels Harald Fischer S. 126o | Stadt Lichtenfels S. 126u | Stadt_Helmbrechts S. 234 | Stadt_Helmbrechts-Paula_Bartels S. 235-237 | Stadt_Marktredwitz S. 273, 287 | Stadt_Rödental S. 156-159 | Stadt_Selb-Fotodesign_Feig S. 12, 274 | Stadt_Stadtsteinach S. 207, 208, 209 | Stadt_Wunsiedel S. 250, 252o, 254o, 254u, 257 | Stefan_Berner S. 59 | Stefan_Schmäling S. 117 | Stefan_Wicklein S. 160/161 | Tilman2007, CC BY 3.0 S. 75, 145 | Tilman2007, CC BY-SA 3.0 S. 44 | Timmy_Hohnecker S. 60 | Tourismusbüro_pottenstein S. 54, 55, 57, 16o | Tourismuszentrale_Fichtelgebirge-Florian_Trykowski S. 243, 246/247, 256, 258, 259, 263 | Uligraphics Ulrike Präcklein S. 125 | User Benreis at wikivoyage shared, CC BY-SA 3.0 S. 80, 180/181 | Werbeagentur-schoeffel.de 206 | Xocolatl (talk) 22_25 CC0 S. 23